Miłość po czterdziestce

Jak zakochać się na Tinderze?
Książka dla kobiet,
które nie wierzą w miłość

Iwona Kulwicka

Miłość po czterdziestce

Jak zakochać się na Tinderze?
Książka dla kobiet,
które nie wierzą w miłość

Warszawa 2024

Wydanie II, polskie
Warszawa 2024

Redakcja i korekta po składzie: Marysia Bernaciak
Korekta przed składem: Anna Pliś
Skład i łamanie: Adrian Szatkowski
Projekt okładki: Joanna Lamek
Autor zdjęcia: Julita Ledzińska
Strona WWW: Wiktor Słomiński
Project manager: Michał Kanarkiewicz

ISBN: 978-839706-30-37

Iwona Kulwicka

Autorka własnego życia,
przedsiębiorczyni wprowadzająca porządki
w biznesie i w życiu prywatnym,
najszczęśliwsza matka,
cudowna kobieta,
która zakochuje się w sobie i w życiu

SPIS TREŚCI

*** * ***

Marzec

Godzina 7:15 – właśnie dowiedziałam się, że to już koniec. Słowa, które usłyszałam, wbiły mnie w kuchenne krzesło na kilka minut.

Co robię w tej sytuacji?

Obrażam się na niego i wyzywam go od drani czy planuję słodką zemstę, aby wziąć odwet?

Nie! Nic z tych rzeczy!

Przez moją głowę przemknęła myśl, aby ze sobą skończyć…

Na szczęście Wszechświat czuwa nade mną i przed próbą samobójczą ratuje mnie telefon od przyjaciela Marka.

Dlaczego mam dosyć życia?

Ta długa, toksyczna relacja, w której tańczyliśmy jak dwójka uzależnionych od siebie szaleńców, doprowadziła mnie do momentu, gdy zdałam sobie sprawę, że bez tego mężczyzny:

JESTEM NIKIM – NIC NIE MAM –
NIC NIE ZNACZĘ – JESTEM ZEREM…

* * *

Jedno spojrzenie.
Delikatne ściśnięcie w gardle, krótkie ukłucie w sercu,
Strzała Amora!
Podążę za tym?
Wypłynę na ocean nie zawsze łatwych doznań
czy zostanę na bezpiecznym brzegu?
Dam sobie szansę na poczucie tego, co nieokiełznane i najgłębsze,
czy zadowolę się brodzeniem w sadzawce codzienności?
Co wybiorę?
Nie, nie będę się już więcej bać!
PŁYNĘ!

WSTĘP – PRZEPRASZAM, ALE SIĘ NIE ZGADZAM

Kilka miesięcy później.

Pakuję się! To nie lada wyzwanie zmieścić wszystko w dziesięciokilogramową kabinówkę. Ha, ha.

„Wszystko?” – zapytasz.

No właśnie – cóż to jest to „wszystko”, gdy twoja podróż ma trwać zaledwie weekend? To oczywiście zależy od tego, gdzie i do kogo jedziesz. Hi, hi.

Biorę czarne, aksamitne szpilki, ulubioną kremową sukienkę z bufiastymi rękawami, dżinsy, kurtkę i sportowe buty.

„Dokąd jedziesz?” – pytasz.

Jestem pewna, że gdy do mojego ekwipunku dodam jeszcze atłasową piżamkę, koronkową bieliznę i pończochy, to mój cel podróży stanie się dla ciebie nad wyraz jasny.

Dzisiaj wskakuję do łóżka wyjątkowo szybko.

Po co? Żeby się wyspać przed podróżą?

Nie, bardziej żeby ukoić nerwy, zasnąć i nie myśleć o tym, co będzie jutro. Nadal nie czuję się zdrowa. Bolą mnie stawy i jeszcze ten stan podgorączkowy. No nie, tego już za wiele! Tyle czasu czekałam na ten wyjazd, a teraz miałabym z tego zrezygnować? Pakuję w siebie kilkanaście witamin C, piję wodę z czosnkiem, imbirem i cytryną i nie dopuszczam innej opcji niż ta, że jutro o 12:20 będę w samolocie do Bolonii. Żadna pandemia COVID mnie nie powstrzyma!

Czego się nie robi z zakochania?

Potrafię wiele, ale nadal jeszcze nie znam swoich granic. Polubiłam już ten stan, bo budzi we mnie kreatywność, wrażliwość i ciekawość kolejnych emocji, które będzie mi dane przeżyć.

Jest północ, a moje oczy, jak dwa księżyce w pełni, wpatrują się w pięknie oświetlony Pałac Kultury, który widzę z okna sypialni. Przewracam się z boku na bok, marząc o tym, co będzie jutro. Mijają kolejne kwadranse.

Muszę to przerwać i przestać myśleć – decyduję. Włączam relaksacyjną muzykę Karen Drucker i po chwili, jak piękny biały obłok, nadchodzi upragniony sen.

Podczas porannej toalety odwiedza mnie mój stary znajomy. Strach, który kiedyś był moim współlokatorem, teraz jedynie u mnie pomieszkuje. Ciekawe jest to, z jaką precyzją i wyczuciem wybiera momenty na swoje wizyty. Doskonale mnie zna i wie, kiedy jestem najbardziej wrażliwa na jego sugestie. Rozsiada się wówczas w mojej głowie jak w wygodnym fotelu na biegunach, zakłada nogę na nogę, splata swoje ręce i z szyderczym uśmieszkiem pyta:

„Po co ci ten wyjazd?"

„Czy na pewno on przyjedzie po ciebie na lotnisko?"

„Czego oczekujesz od faceta, którego tak krótko znasz?"

„Nie boisz się?!"

Tak! Boję się!

„Czego?"

Rozczarowania. Dwa miesiące w oczekiwaniu na spotkanie z ukochanym wykreowało we mnie wiele wyobrażeń, a z nimi intensywne emocje.

Co zrobię, jeśli idealny Fulvio jest tylko wytworem mojej wyobraźni?

Jak zareaguję, gdy okaże się, że go sobie wyidealizowałam?

Decyduję się jednak nie wdawać w dołującą konwersację i – aby pokonać strach – używam odwagi. Odwagi, którą dostałam od swojego rodu. Od mojego taty, który nigdy się nie poddawał, i od babć, które były prawdziwymi siłaczkami. Zaufanie do życia, które powoli odzyskuję, pozwala mi nabrać dystansu i postrzegać swój lęk jako irracjonalne echo przeszłości.

Na lotnisku jestem już o 10:00. Kupuję wodę i kanapkę. Siadam na jednym z wolnych krzeseł i piszę. Po chwili miejsca za moimi plecami zajmują dwie kobiety. Nie wiem jeszcze, jak wyglądają, ale słyszę dokładnie każde ich słowo.

Dwie koleżanki jadą na wakacje do Florencji. Jedna bardzo nieszczęśliwa. Właśnie teraz, po związku trwającym trzy lata, porzucił ją partner. Nie może się z tego otrząsnąć.

Pyta samą siebie: *Jak on mógł mi to zrobić?*

Rozstanie jest tym boleśniejsze, że jej chłopak odszedł do innej kobiety – do swojej szkolnej koleżanki. Żal i pretensje wylewają się z każdego wypowiedzianego przez nią słowa.

– Czy ty wiesz, co on mi powiedział? Ja tyle dla niego zrobiłam! Dopasowałam do niego całe swoje życie! Nawet z dziećmi spotykałam się tylko wtedy, gdy on miał jakieś inne zajęcia. O wszystkich swoich planach informowałam go z dużym wyprzedzeniem, aby nie miał do mnie pretensji, że mi na nim nie zależy i że skazuję go na samotność. A on mnie po prostu nie szanował i był ciągle o wszystko zazdrosny. A ja tak się starałam! A ja tak go kochałam i nadal kocham! Nie widzę sensu życia bez niego! On zawsze był! Miałam z kim jeździć na wakacje i chodzić do kina. Nie byłam sama! A teraz?! Zobacz! Kto mnie teraz zechce?! Było mi z nim tak dobrze! Tak za nim tęsknię!

Przyjaciółka próbuje ją pocieszyć i obiecuje wsparcie.

– Będziesz ze mną jeździć na wycieczki – obiecuje. – Zobaczysz, zajmiesz się czymś i zapomnisz. Musisz tylko koniecznie się czymś zająć.

Opowiada o swoim obecnym związku z mężczyzną, którego nie kocha, ale bardzo lubi. Zachęca nieszczęśliwą koleżankę, aby porzuciła swoje potrzeby, mówiąc:

– Moja droga, ja bardzo często rozmawiam z moim chłopakiem, Waldkiem, o miłości i zakochaniu. Jestem taką samą romantyczką jak Ty i marzę o tym, aby kochać i czuć się kochaną. Ciągle jest we mnie ta tęsknota za czymś ekscytującym, za tymi motylami w brzuchu i tą cudowną energią, która temu towarzyszy, ale z biegiem czasu sama zaczęłam się zastanawiać nad tym, czy Waldek nie ma racji… On uważa, że po pięćdziesiątce nie mamy już szans na zakochanie i miłość. Jego zdaniem w tym wieku powinniśmy się zadowolić co najwyżej przyjaźnią. Zakochanie i miłość są dla młodych, nie dla nas. Powtarza mi, że czym szybciej się z tym pogodzę, tym mniej będę cierpiała. Jego zdaniem miejsce zakochania i miłości powinny zająć szacunek i zaufanie. Pyta mnie:

- Po co ta cała reszta?
- Po co te uniesienia i ta euforia?
- Komu to jest potrzebne?
- To tylko sprawia ból!
- Nie lepiej jest sobie spokojnie i stabilnie żyć?

W tym momencie przypomniałam sobie słowa Jacka Walkiewicza, autora książki *Pełna moc możliwości*:

„A Sztaudynger nawet pisał: *Stabilizacja motylka to szpilka*. Dlatego jeżeli ktoś – niezależnie od tego, ile ma lat – postawi sobie taki cel (ustabilizować siebie czy firmę), to jest to droga donikąd. To jest pułapka, proszę o tym pamiętać. Rozwijamy się i zdobywamy doświadczenie wtedy, gdy wychodzimy poza strefę komfortu… Człowiek może doświadczyć czegoś nowego, tylko wchodząc w coś nowego…"[1].

Przekonania Waldka mnie zasmuciły. Przypomniałam sobie siebie sprzed dwudziestu lat, gdy na swoich trzydziestych czwartych urodzinach oznajmiłam gościom, że już nigdy więcej nie chcę się zakochać. Dokładnie pamiętam, jakie emocje mi wtedy towarzyszyły. Byłam zła, rozczarowana i nieszczęśliwa.

Pytałam: „Co jest przyjemnego w zakochaniu?".

I odpowiadałam: „To przecież samo cierpienie. Wolę żyć spokojnie bez niepotrzebnych uniesień i stresu".

Do dzisiaj dźwięczą mi w uszach moje ostre i zimne słowa, kierowane lękiem przed odczuwaniem nie zawsze łatwych emocji.

Za moimi plecami nadal trwa rozmowa:

– Także nie martw się, proszę. Zostaw marzenia o miłości na boku i poszukaj sobie kogoś, przy kim będziesz mogła się spokojnie zestarzeć.

Nie wytrzymałam!

Odwróciłam lekko głowę, spojrzałam przez ramię i powiedziałam:

– Przepraszam, drogie panie, ale chciałabym tylko powiedzieć, że ja się z tym nie zgadzam. Wybaczcie, że się wtrącam, ale nie sposób było nie słyszeć waszej rozmowy, a słowa, które usłyszałam, poruszyły we mnie tyle emocji, że musiałam na nie zareagować. Nie będę zanudzać i powiem tylko, że zakochanie po pięćdziesiątce jest możliwe i jest piękne. Nie jest łatwe, ale jest piękne. Za dwa dni kończę pięćdziesiąt cztery lata i właśnie lecę do swojego włoskiego kochanka do Bolonii.

---

[1] Jacek Walkiewicz, *Pełna moc możliwości*, Helion, Gliwice 2015, s. 10.

Gdy skończyłam, twarze kobiet rozpromieniały. Ich oczy napełniły się blaskiem, policzki nabrały lekko pąsowego koloru, a na twarzach pojawił się cudowny, radosny uśmiech. Wyglądały tak, jakby odnalazły sens istnienia, jakby otrzymały wiadomość, że właśnie są w sprzedaży bilety na drugie życie.

Już wtedy było oczywiste, że nasza rozmowa nie skończy się szybko. Gdy dostrzegasz światełko w ciemnym tunelu, chcesz iść dalej i dalej. Od razu przeszłyśmy na ty, a energia płynąca między nami sprawiała, że pozostali pasażerowie byli pewni, że jesteśmy wspólnie podróżującymi przyjaciółkami.

– Gdzie poznałaś swojego Włocha? – zapytała Magda.

– Na Tinderze.

– O, nie. Ja też szukałam, ale albo mi się nie podobają, albo boję się, że ja im się nie spodobam. A poza tym, skąd mogę wiedzieć, czy to będzie facet dla mnie, gdy widzę tylko jego zdjęcia?

– No tak. Nie będziesz wiedziała, dopóki się nie spotkacie. Pamiętaj jednak, że nawet jak ci się nie spodoba na pierwszej randce, to nie musisz już iść na drugą. On to zrozumie. Możesz się wycofać nawet po czterech randkach. Ludzie wycofują się ze związków po przeżytych wspólnie trzydziestu latach i to też nie jest złe. Oczywiście nie jest to przyjemne, ale mają do tego prawo. To indywidualna decyzja każdego z nas i inni powinni ją uszanować, bez względu na to, jakie emocje to w nich wywołuje. Pamiętaj, proszę, to twój wybór. Ważne jest to, abyś dała sobie szansę na taką randkę.

Magda lekko przesunęła ręką po czole, odgarnęła krótko przystrzyżoną grzywkę i uśmiechnęła się z niedowierzaniem.

– I to działa?

– Tak, to działa. Uwierz mi, bo sama jestem tego najlepszym przykładem. Fulvio poznałam tuż po moim rozstaniu z innym Włochem. Jego obecność w moim życiu jest dla mnie wielką niespodzianką i cudnym prezentem. Ja też nie podejrzewałam, że będę mogła oszaleć z zakochania. Pojawił się i został. Zobaczcie, jakie to niesamowite. Spotykasz mężczyznę z Tindera, spędzasz z nim zaledwie dwie randki, wracasz do swojego kraju i chociaż wszystko wskazywałoby na to, że to będzie koniec krótkiego romansu, mijają dwa miesiące, a my nadal jesteśmy razem.

– To niesamowite – powiedziała Magda.

– Randki dadzą ci dystans do tego, co się stało, i pokażą, że na tym świecie jest wielu fajnych facetów. Dostrzeżesz, że masz w sobie coś, co przyciąga także innych mężczyzn. Będziesz miała motywację, aby zadbać o siebie, podszkolisz swój angielski i zapełnisz pustkę po rozstaniu. I nie myśl o mężczyźnie, z którym się umawiasz, jako o kandydacie na męża. Bądź bardziej wyluzowana. Może znajdziesz w nim coś, co pozwoli wam fajnie spędzać wolny czas, może odkryjecie wspólną pasję do fotografowania lub gotowania i nawet jak nie zaiskrzy między wami, to zostaniecie przyjaciółmi. Ukochanego możesz przecież znaleźć na innej randce.

– Jak miło w tak niecodziennych okolicznościach spotkać tak cudowną kobietę – skomentowała Beata. – Dałaś nam nadzieję na to, że życie może być piękne i po czterdziestce, i po pięćdziesiątce, i później. Jestem za to bardzo wdzięczna. To prawdziwy dar spotkać tak pozytywną i szczerą kobietę jak ty. Jeszcze raz bardzo dziękuję.

Magda dodała:

– Dzisiaj doznałam prawdziwego objawienia. Pokazałaś mi, że jest jeszcze szansa na coś, na co już dawno straciłam nadzieję. Na miłość.

Nasza rozmowa trwała ponad dwie godziny. Po przylocie do Bolonii spojrzałyśmy sobie porozumiewawczo w oczy, przytuliłyśmy się i nasze drogi się rozeszły.

Lekcja, którą odebrałam: **Warto rozmawiać, bo nigdy nie wiesz, kiedy możesz stać się inspiracją dla innych.**

Lekcja, którą Ty odebrałaś:

WŁOSKIE SZCZĘŚCIE

Poznaliśmy się na Tinderze.

On – Sycylijczyk o twarzy anioła i boskich oczach, którego zdjęcia od razu przykuły moją uwagę.

Co takiego zobaczyłam?

Piękne, szczere i głębokie spojrzenie, cudowny uśmiech przypominający mi wyraz twarzy szczęśliwego i beztroskiego dziecka.

Fulvio – miłośnik podróży motocyklem i fotografowania.

Ja – Polka z blaskiem słońca we włosach, od kilku miesięcy zakochana w Italii i szukająca ciepła po ostatnim rozstaniu.

To dziwne, dlaczego dopiero teraz pobyty we Włoszech wywoływały we mnie takie emocje. Byłam już tutaj tyle razy. Zwiedzałam Rzym i Neapol, oglądałam zapierające dech w piersiach koncerty w Opera di Verona, wygrzewałam się na plażach Sirmione i Rimini i karmiłam swoją próżność na zakupach w Mediolanie. Jednak dopiero teraz poczułam to coś, co nie pozwala mi przestać myśleć o tym kraju. To odpowiedź dla mojej przyjaciółki Aldony, która wielokrotnie mnie pytała: „Dlaczego po prostu nie możesz znaleźć sobie faceta Polaka?!".

Dlatego, kochana, że coś podświadomie mnie tutaj wabi. Dlatego, że to się po prostu dzieje. Dlatego, że chociaż tego nie planowałam – przyniosło mnie tutaj życie.

Gdy po raz pierwszy, w maju tego roku, ujrzałam Florencję, to było dla mnie jak wielki powrót. Przyciągało mnie tutaj wszystko. Atmosfera włoskiej ulicy, spontaniczność i radość życia Włochów, proste i smaczne potrawy, które z pasją jadłam rękoma, i stara architektura przywołująca we mnie ducha przeszłości. Miałam wrażenie, że wróciłam do domu.

Stojąc przed budynkiem Basilica Santa Croce, skanowałam wzrokiem każdy jej fresk, każdą starannie wykutą rzeźbę. Jakbym sprawdzała, czy nic się w niej nie zmieniło, czy wszystko jest tak jak dawniej, na swoim miejscu. Podziwiając panoramę miasta, płakałam jak żołnierz wracający po długiej tułaczce do rodzinnego domu. Nie byłam w stanie wytłumaczyć tego, co czułam.

Tak samo, jak nie jestem w stanie wyjaśnić, dlaczego spośród setki mężczyzn, których profile oglądałam i polubiłam, umówiłam się na randkę właśnie z Fulvio.

Może nazwałabyś to zwykłym przypadkiem lub zbiegiem okoliczności, ja jednak nie wierzę już w przypadki. Dla mnie wszystko, co przeżywamy, jest po COŚ.

Gdy zobaczyłam jego profil, bez chwili wahania kliknęłam na zielone serduszko. Dlaczego? Nie wyglądał ani jak seksbomba, ani nie chwalił się swoim ferrari, za to w ręku trzymał jedynie aparat fotograficzny. Miał jednak w sobie to coś, co mnie od razu zahipnotyzowało – piękny i szczery uśmiech.

Co teraz? – pomyślałam.

Głucha cisza, lekka niepewność i skryta ciekawość.

Czy on też mnie polubi?

To były naprawdę bardzo długie sekundy oczekiwania.

Tak! Oznaczył mnie także! Podobam mu się! Cudnie!

– Bingo! – krzyknęłam z radości, nie podejrzewając, że ta historia będzie miała ciąg dalszy.

Użytkownicy portali randkowych niezbyt często mówią o emocjach, które towarzyszą im podczas surfowania na stronach. Są jednak tacy, którzy wprost opisują je jako swego rodzaju uzależnienie.

Mówią: „Odpuszczam sobie na jakiś czas Tindera, bo to mnie za bardzo wciąga"; „Robię sobie przerwę, bo spędzam tutaj zbyt dużo czasu".

To prawda.

„Dlaczego to tak wciąga?" – zapytasz.

Momentami możesz poczuć się jak pani życia i śmierci. To w twoich rękach leży wybór kandydatów. To ty, i tylko ty, decydujesz, czyj profil polubisz, a kogo odrzucisz. Może satysfakcję daje ci uczucie pewnej formy władzy, porównywalnej czasami do tej, którą mieli nad tobą twoi rodzice i nauczyciele? A może klasyfikowanie mężczyzn na tych, którzy są, i na tych, którzy nie są godni Twojej uwagi – zaledwie po zobaczeniu kilku fotek – to wzięcie odwetu za te wszystkie przeżyte przez ciebie nieszczęśliwe zakochania?

Niekiedy – gdy przyłapujesz się na tym, z jaką lekkością przychodzi ci wyrzucanie kandydatów do przysłowiowego „kosza", i zauważasz, jak instrumentalnie ich traktujesz – beztroskę przerywa krótki wyrzut sumienia. Szukasz wtedy słów na rozgrzeszenie.

„On mi się po prostu nie podoba" – tłumaczysz.

„No przecież mam prawo wyboru. Nie muszę lubić wszystkich" – wyjaśniasz.

I chociaż nie wiadomo, jak byłabyś piękna i jak wysokie jest twoje poczucie własnej wartości, to gdy polubisz profile kandydatów, zawsze zastanawiasz się nad tym, czy oni też cię polubią. Gdy tak się stanie – jesteś zadowolona, a czasami nawet szczęśliwa. Te kilka sekund „po" jest pełne adrenaliny i endorfin, których z dnia na dzień potrzebujesz więcej i więcej, aby utwierdzać się w przekonaniu, że jesteś coś warta.

Bardzo często wystarczy ci tylko ta akceptacja. Nie zależy ci nawet specjalnie na randce i nie marzysz o miłości. Po prostu karmisz swoje zagubione wewnętrzne dziecko.

Najpierw, jak wielu innych, wysłał mi uśmiechniętą buźkę i pytanie, co robię we Włoszech.

Jestem na wakacjach.

Jak długo tutaj będziesz?

Wylatuję z Bolonii w sobotę…

Ooo nie, już w sobotę?

Tak, ale dzisiaj jest dopiero środa.

To prawda! Mamy jeszcze kilka dni, żeby się spotkać.

Oboje, ogarnięci tymi samymi emocjami, potrzebowaliśmy zaledwie kilku minut na ustalenie terminu i miejsca naszej pierwszej randki.

W czwartek o 8:03 obudziło mnie:

Dzień dobry, Słodka. Czy jesteś gotowa na nasze spotkanie?

Si.

Wow. Czuję się jak nastolatek.

Ja też.

Ooooooo tak.

Wysyła mi kilka zdjęć z ostatnich wakacji, aby upewnić się, że wiem, z kim się spotykam. Ja w tym samym celu pokazuję mu moje, bo niestety nie zawsze można ufać zdjęciom profilowym z portali randkowych. Niejedna anegdota opowiada o tym, jak jesteś przekonana, że umawiasz się z młodym, szczupłym i wysokim brunetem, a pod Kolumną Zygmunta czeka na ciebie niski i siwy grubasek.

W oczekiwaniu na pierwsze spotkanie czułam się jak nastolatka.

Co powinnam na siebie włożyć? Jak się uczesać, żeby zrobić na nim jak najlepsze wrażenie?

Już wcześniej byłam na kilku randkach, ale do żadnej z nich nie podchodziłam z takim podekscytowaniem i niepewnością. Cały poranek upłynął mi na oczekiwaniu cudownego prezentu od losu i wywoływał we mnie obawy, że może się okazać tylko drobnym i nic nieznaczącym upominkiem.

No już. Jestem gotowa. Jak zawsze sprawdziły się szpilki i moja biała sukienka w błękitną pepitkę. Kiedy rok temu zamawiałam ją w sklepie online, nie podejrzewałam, że będzie moją randkową kreacją. Tak samo, jak nie byłam w stanie przewidzieć tego, że zdjęcia z moich ostatnich wakacji we Florencji i na wyspie Elba idealnie wpasują się na mój randkowy profil. Pamiętam, jak któregoś dnia spontanicznie zrobiłam sobie cudne selfie. Nie wiedziałam, po co je robię. Po prostu chciałam je mieć właśnie w tej chwili i w tym miejscu.

– Wyglądasz zjawiskowo – usłyszałam od swojej siostry, z którą spędzałam ostatni tydzień wakacji we włoskiej Modenie. – Trzymam za ciebie kciuki, powodzenia i baw się dobrze, kochana.

I wybiła północ, jak w bajce o Kopciuszku. Tylko że moją północą była 16:00. Wybiła i opanował mnie strach. Każde kolejne uderzenie zegara przynosiło ze sobą jego pytania podające w wątpliwość moją inteligencję, zaprzeczające mojej kobiecości i kwestionujące zalety mojej otwartości na nowe.

„Po co tam idziesz?" – szepnął.

„On jest młodszy od ciebie" – dodał zgryźliwie.

„Może to jakiś dzieciak?" – próbował mnie zniechęcić.

„To nie ma sensu…".

Nie skończył ostatniego zdania, bo przerwałam ten dołujący monolog stanowczym:

„Stop! Koniec tego! Podjęłam decyzje i idę!" – krzyknęłam.

Krótki sygnał na WhatsAppie z wiadomością od Włocha:

Jestem tutaj!

Przyjechał!

Do pokonania miałam dwa piętra.

Pojechać windą czy zejść schodami? – spytałam samą siebie.

Zbiegałam po stopniach jak nastolatka. Unosiły mnie energie ekscytacji i szczęścia. Czułam, że żyję. Z uśmiechem od ucha do ucha podbiegłam do bramki. Świat wirował wokół mnie. Wszystkie moje zmysły się wyostrzyły. Słyszałam śpiew ptaków mieszkających w krzaku oleandra, pokrytego różowym kwieciem; czułam, jak wiatr delikatnie muska moje ramiona; a z oddali przywołuje mnie zapach kwitnącej akacji. Moje oczy nabrały wyraźniejszego kształtu i skrzyły się w promieniach włoskiego słońca.

Nie byłam pewna, gdzie będzie na mnie czekał. Podeszłam do najbliżej zaparkowanego samochodu, lekko pochyliłam głowę, spojrzałam przez boczną szybę i… O, matko! Przywitał mnie uśmiech słodki jak sycylijska pomarańcza i wpatrywały się we mnie czekoladowe oczy. Pięknie zarysowana, pokryta białym szronem broda, schludnie przystrzyżony wąsik, wygolona głowa. Twarz dziecka i mężczyzny w jednym. Ot, taki uroczy tandem.

Jego „Hey, Sweety" prawie zwaliło mnie z nóg. To było jak przejeżdżający nad moją głową ekspres, po którym pozostała upajająca cisza. Tembr jego głosu poruszył wszystkie moje cząsteczki. To tak, jakby pianista, uderzając miarowo w klawisze, wzbudzał drgania w moim rozwieszonym na pięciolinii ciele. Nigdy wcześniej głos mężczyzny nie wywarł na mnie takiego wrażenia.

Wsiadam do auta, klękam na siedzeniu pasażera, pochylam się nad Fulvio i przyciągając delikatnie jego brodę, częstuję go słodkim pocałunkiem w usta. Sprawdzam, jak smakuje. Kiedyś nie miałam pojęcia o tym, że można odczuwać smak mężczyzny, że już po pierwszym zatopieniu swoich ust w jego można mieć pewność, że to jest właśnie to. To coś, co tak trudno opisać słowami. To, co tak trudno wyrazić. To, co jedni nazywają *flow*, inni energią, a co ja odczuwam jako przeznaczenie. To jak obopólna zgoda na przyjęcie czegoś nowego i nieznanego.

Układam delikatnie swoje usta na jego, lekko rozchylonych w zaproszeniu. Są miękkie i soczyste jak świeże brzoskwinie z targu we Florencji. Obejmuję je swoimi ustami, delikatnie ściskam i odpuszczam tak, jakbym chciała wydobyć z nich chociaż odrobinę słodyczy, która mnie odżywi.

On nieśmiało dotyka moich włosów. Czesze je swoimi opalonymi dłońmi, muska tak, jakby chciał z nich wykrzesać ostatnie promienie lata. Delikatnie przesuwa swoje palce po mojej twarzy, odgarnia z mojego czoła niesforny loczek, który przeszkadza mu w spojrzeniu mi w oczy. Czuję się jak w niebie. Wokół panuje romantyczna cisza. Słyszę jego miarowy i wyraźny oddech. Serce bije mu coraz szybciej. Kładę dłonie na jego ogolonej głowie kreśląc nieregularne wzory, aby pozostawić na niej swój ślad. Cała moja percepcja przenosi się do opuszek palców. Są tak czułe, że odkrywam każdą nierówność jego skóry.

Czy zdecyduję się na coś więcej? Może dotknę jego karku? Może położę swoje dłonie na jego owłosionym torsie? Może już teraz dam mu odczuć, że blisko mi do niego?

Nasze usta to dopiero pierwszy przystanek uniesienia. Moje lazurowe oczy, wypełnione słońcem Italii, błyszczą, oczekując na jego kolejne spojrzenie. Patrzę na niego. Spoglądam tak głęboko, że nie widzę już nic. Czuję tylko ciepło, bicie serca i motyle w brzuchu.

Ruszamy na randkę.

Włoskie lody jemy już nie jak znajomi, a raczej jak kochankowie. Dzielimy się wzajemnie swoimi smakami. Bawimy się, liżąc na przemian jego wanilię i moją czekoladę. Już to wiem. To nie będzie zwykłe spotkanie.

Spacer uliczkami starej Modeny wywołuje we mnie nostalgię i wzbudza głębokie odczuwanie. Wokół mnie tyle piękna, przy mnie bliski mi ciałem i duchem mężczyzna, a we mnie spokój.

Siadamy przy stoliku we włoskiej restauracji. Kocham ten gwar włoskiej ulicy, gdzie z każdego zaułka emanują uwielbienie i podziw dla życia. Wspólne biesiadowanie, uciecha z własnego towarzystwa i z tego, co tu i teraz. Zachwyca mnie to, z jakim zaangażowaniem Włosi mówią o gotowaniu i jedzeniu. Jak każdy, najbardziej błahy temat jest w stanie wywołać pasjonującą dyskusję. Nie znam włoskiego, ale to nie przeszkadza mi w zrozumieniu sensu rozmowy. Włochom do komunikacji służą nie tylko słowa. Oni mówią do siebie oczami, gestami i całym swoim ciałem.

Piękna pogoda i nastrojowa muzyka. Wokół krzątający się i prawiący komplementy kelnerzy. Tutaj gość czuje się otoczony opieką. Zamówiliśmy tradycyjny włoski aperitif i kilka przekąsek. Siedzimy obok siebie. Fulvio głaszcze moje dłonie, bada je tak, jakby chciał zapamiętać każdy ich szczegół, tak jakby malował w swojej pamięci ich dokładny obraz. Kolejno dotyka każdego mojego palca, każdej kosteczki i opuszka. Nawet nie wiedziałam, że to może być tak przyjemne.

Czuję, że jestem.

Każde muśnięcie moich włosów, każdy na pozór przypadkowy ruch jego ręki po moich plecach są jak dreszcze budzące mnie do życia. Marzę o tym, aby dotknął moich bioder i ud. Moje ciało domaga się pieszczot. Nieśmiało przesuwam swoje palce po jego proporcjonalnej, bardziej chłopięcej niż męskiej dłoni. Opuszkami delikatnie chwytam pokrywające ją kruczoczarne włosy. Są jak czekoladowa pierzynka na włoskim latte.

Układam swoją dłoń w jego, tak jakbym chciała sprawdzić, czy… Tak! Pasuje idealnie!

Pytasz, ile czasu można poświęcić na celebrowanie dotyku?

Odpowiem: „Wieczność całą!".

Odczuwam jego skórę jak swoją. Jak coś znanego, kochanego, mojego. Jak coś, co odnalazłam po wielu latach poszukiwań. Pochylam głowę nad jego ramieniem. Biorę głęboki wdech, a z nim zaciągam się jego zapachem. Lekko migdałowa woń z nutką limonki i odrobiną słodyczy, którą wyłapują skrzydełka mojego nosa, przemieszcza się dalej i dalej w głąb mnie. Dociera do mojej duszy. Zamykam oczy, aby zapamiętać ją na zawsze. Nasze usta znowu się spotykają. Płyniemy we wspólnym dotyku. Wieczór mija zbyt szybko.

Druga randka? Tak! Natychmiast i koniecznie, jak to mam w zwyczaju mówić. Natychmiast – bo nie chcę już ani chwili dłużej żyć bez tego uniesienia, a koniecznie – bo stało się ono dla mnie niezbędne jak woda kwiatom, jak kwiaty motylom, jak motyle wrażliwym na piękno ludziom.

Jeszcze nie wiemy, że właśnie wyruszyliśmy w najwspanialszą podróż swojego życia, zwaną zauroczeniem.

Nigdy nie paliłam i nie próbowałam narkotyków, a alkohol piję tylko okazjonalnie, ale myślę, że zauroczenie uzależnia nawet szybciej od nich. To, co czujesz w momencie zauroczenia, to, co wyzwala ono w twoim ciele i mózgu – to najwyższe stadium błogostanu, jakie można osiągnąć.

Dzień kończy się jego wpisem na WhatsAppie:

Cześć, Słodka. Spotkanie z Tobą było fantastyczne.

Jestem w skowronkach.
W piątek, kolejny raz o 8:03 budzi mnie:

Dzień dobry, Słodka. Czy jesteś gotowa na kolejny dzień ze mną?

Si.

Ja też.

Wstaję z promiennym uśmiechem i lekkością w sercu. Wiem, że dzisiaj znowu go spotkam, wiem, że znowu będę mogła nakarmić się jego widokiem, odurzyć się jego zapachem i popłynąć za jego głosem. Czekam na ten moment, w którym ponownie oddam się bez reszty bombardującym mnie emocjom.

Leniwie jem śniadanie. Wspominając wczorajsze doznania, przeżuwam starannie każdy kęs mojej owsianki.

Czy to jest prawdziwe? Czy to możliwe? – pytam.

Tak to możliwe i prawdziwe, bo to czuję. Zaprzeczanie temu, co jest tu i teraz, to jak podawanie w wątpliwość tego, że żyjesz. To, co widzisz, co słyszysz i czujesz, to realny świat. Coraz częściej mówi się o tym, że nie wspomnienia przeszłości i nie marzenia o tym, co będzie, są najważniejsze. Istotne jest to, abyśmy czuli, że żyjemy, aby nie tylko być w danej chwili, ale również czuć ją wszystkimi zmysłami. Potęga życia teraźniejszością to umiejętność nierozpamiętywania tego, co było, i rezygnacja z życia marzeniami na rzecz odczuwania radości z tu i teraz. Na rzecz tego jedynego, co jest namacalne i osiągalne i na co mamy realny wpływ.

Moja terapeutka Julia powtarza: „Słuchaj swojego ciała, sprawdzaj, jak reaguje, obserwuj je. Ciało nie kłamie. Ono jest w stanie naprawdę bardzo dużo nam powiedzieć. Musimy tylko pozwolić sobie na uważność i otworzyć się na odczuwanie".

Gotowa na kolejną lekcję uważności i odczuwania czekam na spotkanie z Fulvio. To już za pięć minut.

Czy tym razem wybiorę windę? A może ponownie schody, po których zbiegnę jak mała, radosna dziewczynka, w oczekiwaniu na coś cudownego, albo jak frywolna pięćdziesięciolatka, z nadzieją na coś ekscytującego? Wybieram schody. Tak, to był dobry pomysł. Celebruję moment, w którym każdy pokonany stopień przybliża mnie do Fulvio. Uśmiecham się do siebie. Zabawne i odkrywcze jest to, jak niewiele potrzeba, żeby być szczęśliwą.

Nieśmiało zerkam.

Jest? – pytam samą siebie.

Tak. Czeka na mnie przy samochodzie. Otwiera mi szarmancko drzwi, zaprasza do środka i delikatnie muskając moje włosy, pyta:

– Wszystko w porządku, słodka? Jesteś gotowa?

Jego maniera w głosie niezmiennie rozpuszcza mnie jak ciepłe, czekoladowe fondue. Z jednej strony nadaje mu dżentelmeńskiej szlachetności i elegancji, a z drugiej – chłopięcej delikatności i bezbronności. On jeszcze o tym nie wie, ale ja już przeczuwam, że za moment wypłynę w mój rejs przez ocean głębokich doznań.

– Co powiesz na zaproszenie do mojej ulubionej restauracji? – pyta. – Jest taka urocza i przyjemna.

Przytakuję na zgodę.

Podróż samochodem upływa nam zazwyczaj w ciszy, przerywanej jednak oddechem, a innym razem rozmowami o życiu. Jestem zaskoczona swoją wrażliwością nie tylko na tembr jego głosu, ale i na głębię jego spojrzenia, drobne gesty. Nagle gwałtowne hamowanie i jego ręka asekurująca mnie przed uderzeniem głową w szybę. Jego refleks i uważność mnie zadziwiają. Gdyby nie on, nasza randka skończyłaby się w szpitalu.

– Przepraszam, przepraszam, że tak ostro zahamowałem, ale musiałem – tłumaczy się.

We wspomnianej restauracji karmimy się nawzajem włoskimi specjałami. Aromatyczną finocchioną z Toscanii, o jeszcze głębszym smaku niż moja ulubiona salami. Przyprawianą czosnkiem, solą, pieprzem i nadziewaną aromatycznym koprem włoskim, doskonale komponującą się z florenckim chlebem bez soli. Zawijam kawałki parmeńskiego parmigiano – sera o boskim, słodko-kwaśnym smaku – w także parmeńskie, lekko słone prosciutto, i zbliżam je do ust swojego włoskiego wybranka. On w podziękowaniu wsuwa między moje rozchylone usta łyżeczkę, wypełnioną białą jak śnieg i łagodnie śmietankową burratą. Bawimy się, karmiąc się nawzajem koktajlowymi pomidorkami i wygrzaną w słońcu południowych Włoch czerwoną papryką.

Chwilo, trwaj wiecznie!

Gdy opowiadam Aleksandrze o tym, co się działo na drugiej randce, spogląda na mnie i mówi:

– Nooo, nie poznaję cię, siostro. Zrobiłaś to na drugiej randce?! To, co się z tobą dzieje, przerosło wszelkie moje oczekiwania. Pamiętam, jak jeszcze cztery miesiące temu miałaś problem z wysłaniem facetowi emotikonki z buziakiem, a teraz... No, no.

– Tak, zrobiłam to, kochana, bo tak czułam, bo tego chciałam. I jestem dumna, że nie powstrzymały mnie przed tym wgrane zabobony. I powiem więcej… Żałowałabym, gdybym stchórzyła, oj, żałowałabym.

– No to opowiadaj – powiedziała Aleksandra, siadając na sofie, a jej piwno-zielone oczy wypełniły się ciekawością i niedowierzaniem.

– To, co ja czułam! Aaaaaaaach – westchnęłam. – Nie uwierzysz…! Nie mogę mówić – dodałam.

* * *

Nawet przez chwilę nie wątpiłam w to, że chcę się z nim kochać, że pragnę poczuć jego nagie ciało. Byłam ciekawa swojej reakcji, gdy jego owłosiony tors przytuli się do moich nagich piersi i brzucha. Gdyby nie zainicjował zbliżenia, z pewnością zrobiłabym to sama.

Zaczęło się od pocałunków na sofie, podczas których nasze usta już dużo śmielej niż wcześniej zatapiały się w sobie. Jego wilgotny, ciepły język badał delikatnie moją szyję i dekolt. Otoczeni płynącą leniwie muzyką z włoskiego SkyRadio i cudownym zapachem włoskich perfum, które rozchodziły się po całym mieszkaniu, rozpoczęliśmy nasz miłosny taniec.

Usiadłam na nim okrakiem, objęłam jego biodra swoimi udami i spojrzałam mu głęboko w oczy. Zamarł.

– Coś nie tak? – zapytał.

– Nie, wszystko w porządku – szepnęłam czule. – Muszę się tylko na ciebie napatrzeć – dodałam.

Wtapiając w niego swój wzrok, widziałam jego zmieszanie połączone ze zdziwieniem. Usłyszałam ponowne:

– O co chodzi?

– Nie jestem w stanie oderwać od ciebie oczu – wyszeptałam.

To był ten moment, w którym podążyłam za emocjami. Głaskałam delikatnie jego ogoloną głowę, muskałam chłodne płatki uszu, całowałam przymknięte z podniecenia oczy i lekko zaczerwienione z emocji policzki. Zatopiłam palce w jego gęstej, ale bardzo miękkiej brodzie, przyciągając powoli jego usta do moich. Zrobiłam krótką pauzę. Znowu spojrzałam mu głęboko w oczy. Robiłam to z taką uważnością, jakbym kadrowała zdjęcia do rodzinnego albumu. Tak! Chciałam zatrzymać ten obraz w swojej pamięci.

Delikatnie ściągnął moją bluzkę i całował mnie po gotowych na przyjęcie pieszczot piersiach. Lubię to. Ten widok, gdy mężczyzna pochyla się nade mną, powoli całuje ramiona i dekolt, aby już po chwili, w pełnym podnieceniu zatopić gorące usta w moje także rozgrzane ciało. Nawet nie zauważyłam, kiedy staliśmy przed sobą już tylko w bieliźnie. Teraz on przejął inicjatywę. Chwycił mnie za rękę i poprowadził…

Sypialnia przywitała nas starannie zasłanym łóżkiem i uroczym zapachem migdałów, połączonym z limonką i odrobiną słodyczy. Nie mogliśmy już dłużej czekać. W pośpiechu zdjęliśmy resztki garderoby. Usłyszałam wywołane zachwytem „Wow!", gdy zobaczył mnie w samych koronkowych majtkach.

– Masz piękne ciało – powiedział.

Po chwili objął mnie i delikatnie położył. Dotykał mnie z pasją. Głaskał stopy, kostki i łydki. Przesuwał swoje wrażliwe dłonie po moim brzuchu, dekolcie i karku. Ponownie wrócił do ud i powiedział:

– Jesteś jak dojrzała brzoskwinia. Twoja skóra jest cudownie miękka i delikatna, mógłbym ją dotykać bez końca – szepnął.

Zdecydowanie wsunął dłoń pod moje majtki i zdjął je w pośpiechu. Pochylił głowę nad moim brzuchem, złożył na nim kilka słodkich pocałunków i powoli, z uwagą, całował mnie coraz niżej i niżej.

Na chwilę ułożył usta na moim łonie, aby poddać mnie odczuwaniu rozkoszy. Czekałam na ten dotyk, na to muśnięcie, po którym wezbrała we mnie fala podniecenia. Tej wznoszącej się energii ekstazy nie można już było zatrzymać. Usłyszałam ciche:

– Jesteś taka słodka. Uwielbiam twój smak.

Teraz moich warg dotknęły jego ciepłe dłonie. Przez moje ciało przemknął cudowny dreszcz. Wiłam się niczym w ekstazie, starając się jak najdłużej zatrzymać ten stan uwielbienia dla niego i dla siebie. Po chwili jego palce penetrowały już moje wnętrze. Włoski mistrz ceremonii potrzebował zaledwie kilku sekund, aby obudzić mój punkt. Chciałam więcej i więcej. „Chwilo, trwaj bez końca" – szeptałam. W oczekiwaniu na orgazm mocno przycisnęłam jego dłoń do mojego łona. Objął mnie mocno ramieniem, przytulił mnie do siebie i w tym splątaniu ciał doznałam rozkoszy. Spojrzał na mnie z uwagą, uśmiechnął się i zapytał:

– Chcesz więcej?

– Tak, jestem długodystansowcem – odpowiedziałam.

Ponownie się uśmiechnął, spojrzał mi głęboko w oczy, uniósł nade mną swoje ciało i powoli, z pietyzmem i łagodnością zatopił się we mnie.

– Ach... – westchnął.

Mocno przytrzymałam go przy sobie, a moje dłonie wtopiły się w jego owłosione plecy.

– Ach... – powtórzył, a ja szczypiąc delikatnie jego chłodne pośladki, szeptałam ciche: „Go, go, go".

– Nie zamykaj oczu, patrz na mnie – poprosiłam. Nie widziałam już nieśmiałego chłopca, tylko mężczyznę, któremu rozkosz dodawała siły i osadzała go w męskiej energii. Czułam się jak w siódmym niebie.

Jest mi z nim tak dobrze i jest mi do niego tak blisko – pomyślałam.

Gdy leżał na wznak, a ja, siedząc na nim, oddawałam się rozkoszy, powiedział:

– Chciałbym mieć twoje zdjęcie, gdy pochylasz się nade mną i tak na mnie patrzysz. Muszę je zrobić w swojej pamięci i zachować na zawsze.

Po upojnym zbliżeniu położyliśmy się obok siebie. Jeszcze przed chwilą prawie obcy sobie ludzie, a teraz przytuleni z rękoma splecionymi w geście jedności kochankowie. Prawdziwy cud energii zakochania…

* * *

Tutaj zatrzymuję opowiadanie i zerkam tajemniczo na moją siostrę.

– To było wam cudownie – podsumowała.

– Tak, było nam cudnie, ale najpiękniejsze miało dopiero nadejść – dodałam tajemniczo.

– Ooo, a co się takiego stało? – spytała z nieskrywaną ciekawością.

– Kochana… – zaczynam z gracją, tak jakbym chciała zrecenzować drugi akt sztuki o światowym rozgłosie…

* * *

Gdy Fulvio leżał na plecach i odpoczywał w lekkim półśnie, ja nie robiłam nic innego, tylko patrzyłam na niego. Ja po prostu… Hmm. Nie wiem, co to jest, i nie wiem dlaczego, ale… Ja nie mogłam oderwać od niego wzroku. Czułam się jak w transie, jakbym była zahipnotyzowana, jakbym karmiła się jego widokiem, energią i oddechem. Najpierw delikatnie muskałam palcami jego wyraźnie zarysowane kruczoczarne brwi, potem wzniosłam się na niewielkim wzgórku nosa, aby przez rumiane policzki delikatnie opaść na pełne usta o smaku sycylijskich pomarańczy. Ułożyłam swoje dłonie tak, aby nie tracąc z nimi kontaktu, obejmować i głaskać jednocześnie jego brodę. Mogłabym bez końca sprawiać sobie tę przyjemność, gdy jego gęsty i jednocześnie miękki zarost łaskotał opuszki moich palców.

Wtuliłam się w jego tors, objęłam jego uda swoimi i zatopiona w totalnym zaufaniu do tego, co tu i teraz, oddychałam miarowo. Czułam, jak każdy wydech coraz bardziej uwalnia mnie od głowy, a każdy wdech napełnia mnie błogostanem.

Wokół mnie panowała cisza, w głowie zagościła pustka, w sercu czułam ciepło, a dusza recytowała moją ulubioną modlitwę: „Chwilo, trwaj wiecznie".

* * *

Gdy skończyłam opowiadanie, w małym mieszkanku w Modenie nastała wymowna cisza. W oczach mojej siostry dostrzegłam olbrzymie wzruszenie.

– To piękne – powiedziała.

Lekcja, którą odebrałam: **Nie ma znaczenia, gdzie i jak znajdziesz miłość.**

Lekcja, którą Ty odebrałaś:

. . . .

. . . .

. . . .

. . . .

. . . .

. . . .

. . . .

. . . .

. . . .

. . . .

POLSKI BALANS

W Polsce czekało na mnie moje życie. Rodzina, znajomi i praca. Jestem pewna, że już nigdy nie będzie tak samo jak przed poznaniem Fulvio. Próbuję uporać się ze swoją nadaktywnością wywołaną zakochaniem. Z kotłującymi się myślami radzę sobie, rzucając się w wir pracy. Tęsknotę najlepiej koją wspomnienia cudownych chwil. Jedynie na moją rozpaloną kobiecość nie jestem w stanie znaleźć antidotum.

Niestety mój gorący Włoch nie był typem pisarza ani mówcy. Jego „Wkrótce się spotkamy" – niepoparte ani słowem o tym, kiedy i gdzie – zbija mnie z tropu. Kontaktuje się ze mną codziennie, ale jedynie na krótkie „Dzień dobry" i „Jak się czujesz?". Sporadycznie zdarza mu się wysłać gorące: „Tęsknię za tobą", „Brakuje mi ciebie", „Do dzisiaj czuję twój smak" – ale mnie to nie wystarcza. Pragnę więcej i więcej.

Niecierpliwie czekam na swoją sesję z Julią, licząc na to, że przyniesie mi ukojenie. Spotykamy się na Zoomie i słyszę jej podszyte ciekawością:

– Opowiadaj, kochana, co tam się działo…

Gdy kiwnęłam głową, była już pewna, że nie były to zwykłe wakacje. Widząc i czując moją energię, nie miała wątpliwości, że wiele się wydarzyło. Opowiadam jej wszystko, dodając na koniec:

– Marzę tylko o tym, żeby móc go znowu zobaczyć i móc się znowu nakarmić jego widokiem oraz energią i melodią jego głosu. Posłuchaj… – przerwałam i odtworzyłam nagranie z WhatsAppa.

Julia słucha bardzo uważnie.

– Piękny, ciepły i bardzo prawdziwy – opisała tembr głosu Fulvio.

– Tak. On ma intrygującą mnie manierę w głosie – wracam do opowiadania. – Gdy on do mnie mówi… Ufff… Przepraszam, ale muszę wziąć oddech. Ja nie mogę. Zobacz, co się ze mną dzieje… Ja się zastanawiam, po co ten chłopak do mnie przyszedł?! Dlaczego wszechświat mi go zesłał?! Ja wpadłam w takie zawirowanie – mówię z przejęciem i ekscytacją w głosie. – Gdy on wczoraj do mnie nie napisał, to ja tak strasznie płakałam. Płakałam nad sobą. Płakałam, że go już więcej nie zobaczę i nie będę mogła odczuwać tego, co przeżyłam w Bolonii – opowiadam, a łzy napływają mi do oczu.

* * *

Gdy przez całą długą sobotę i niekończącą się niedzielę Fulvio nie wysłał do mnie ani jednej wiadomości, ogarnął mnie niepokój. Poczułam taki strach, że nie byłam w stanie funkcjonować. Nie wytrzymałam i nagrałam mu wiadomość:

Fulvio, nie piszesz, nie odpowiadasz. Jeżeli zmieniłeś zdanie i nie chcesz utrzymywać ze mną kontaktów, proszę, powiedz to wprost i nie trzymaj mnie w niepewności, ponieważ to jest trudne dla mnie, gdy nie wiem.

Na odpowiedź nie musiałam długo czekać. Słodki Sycylijczyk napisał krótko:

Cześć kochana. Nic się nie zmieniło, nic się nie stało. Wczoraj byłem na rajdzie motocyklowym z moimi przyjaciółmi i wróciłem późno i bardzo zmęczony. Nie zmieniłem mojego zdania o Tobie

i o nas, kompletnie. Nie martw się. Dzisiaj miałem
trochę problemów w biurze, ale już jest wszystko
w porządku. Możesz do mnie dzwonić, pisać,
wysyłać wiadomości, kiedy tylko chcesz. Ściskam
bardzo mocno i całuję.

* * *

Julia słuchała.

– Kochana, zauważyłam, że mogłabym co chwilę odsłuchiwać
jego nagrania. Jak on do mnie mówi, to ja się rozpływam… Jak w tym
wszystkim osiągnąć balans? Wariuję! Pomóż mi!

Odpowiedź mojej terapeutki nie tylko mnie zaskoczyła, ale i zszo-
kowała:

– Kochana, czytaj od niego esemesy i nie oceniaj siebie za to.
Po prostu rób to, co cię odżywia. Zakochanie może nas całych
porwać, to normalne, nie bój się tego! Nieraz czytanie wiadomości
od ukochanego to jak dialog z nim. Nie ma nic lepszego niż czytanie
dobrej książki, która cię odżywia. Jeżeli odżywiają cię słowa faceta,
to czytaj je. Celebracja słów jest w porządku. Świętuj to, co cię odżywia i wznosi. Prędkość życia spowodowała, że utraciliśmy tę umiejętność. Niestety, z wielką szkodą dla nas samych, nie dajemy sobie
na to czasu. Kiedyś, gdy nie było telewizji i innych rozrywek, gdy
we wsi kobieta napisała wiersz lub list, to wszyscy jej mieszkańcy spo-
tykali się, aby go wspólnie czytać. Czytali go codziennie, a piękno,
którego podczas tych spotkań doznawali, dawało im siły do życia.

Słucham jej ze spokojem i zdumieniem nad głębią tych słów.

Milczałam i kiwałam głową z niedowierzaniem, a ona konty-
nuowała:

– Proszę, pozwól sobie na to! Kobieta, która wychodzi po takich przeżyciach jak ty, po takiej długoletniej traumie, często ma zakodowane w podświadomości poczucie, że na nic nie zasługuje. Jeżeli faktycznie powtórzysz sobie tysiąc razy, że nie zasługujesz, to ta energia pociągnie cię w dół i nie dasz sobie szansy na inne życie. Rozmawiaj więc ze sobą i powtarzaj: „Przeszłam długą drogę, zasługuję na to, żeby ludzie mnie kochali, dobrze do mnie mówili i otaczali mnie miłością. Zasługuję na to, abym czuła się skąpana w miłości, abym żyła w szczęściu, w zdrowiu i w ukochaniu". Uwierz, że to się ci należy. To, co zrobiłaś do tej pory, to jak uszanowałaś swoich rodziców i wszystkich ludzi, to jest właśnie twoje otwarcie się na przyjęcie samego dobra.

– Mnie tak ciągnie do Fulvio... – powiedziałam z nostalgią w głosie.

– To pięknie! – wykrzyknęła Julia.

– ...ale ja się tego boję – dodałam.

– Dlaczego? – spytała Julia.

– Bo boję się, że się w nim zakocham, a on... hmmm... Gdyby on częściej pisał i miał bliższy kontakt ze mną, to już dawno bym się zakochała – wyjaśniłam.

Julia patrzy na mnie. Zamyka oczy, bierze głęboki wdech i mówi:

– No tak, tylko pomyśl, czy to byłoby dobre, gdybyś była teraz zakochana w mężczyźnie, który jest bardzo zaangażowany i w pełnej obecności z Tobą, który jest na twoje każde zawołanie? Zastanów się, czy w tym stanie emocjonalnym, w jakim teraz jesteś, byłabyś w stanie to docenić? Czy ta energia byłaby żywa i prawdziwa?

Zamknęłam na chwilę oczy, wzięłam głęboki wdech i już zrozumiałam. Tak, to prawda.

– Jak dobrze się temu przyjrzysz, to zobaczysz, że gdyby tylko Fulvio był bliżej ciebie, to zaraz zaczęłabyś go oceniać i szukać w nim wad. Masz jeszcze sporo różnych uprzedzeń, które od razu dałyby o sobie znać. Pamiętaj też, z czym do niego przyszłaś. Stań do tego. Przyszłaś do niego jako niezależna kobieta i nie zmieniaj tego. Nie wchodź w stare!

– W stare? – zapytałam.

– Tak. Nie stawaj przy nim jako dziewczynka, bo wszystko stracisz. Wiem, że to jest trudno utrzymać, ale musisz to zrobić. Ten mężczyzna wzywa cię do stanięcia w pełnej, kobiecej niezależności, a nie w energii dziecka.

– No tak. Zauważyłam, że ostatnio wróciły do mnie stare nawyki. Zaczęłam wchodzić w energię „zaopiekuj się mną" – wtrąciłam.

– No właśnie. Też tak poczułam – dodała z zadowoleniem w głosie. – Musisz z tym skończyć i powtarzać sobie: „Fulvio, twoja energia to we mnie wyzwala, ale ja nie idę za tym. Wybieram niezależność" – poradziła. – „Energia dziecka" to naturalny stan okresu dzieciństwa, w którym często nieświadomie nadopiekuńczy rodzice robią wszystko, aby cię od nich uzależnić. Jesteśmy więc zdani z ich strony nie tylko na opiekę materialną, ale i zależność emocjonalną. Jest to stan typowy dla tego okresu i w tej przestrzeni powinien pozostać. Przebywanie w nim, gdy jesteś już dorosła, wynika z braku twojego balansu.

– Fulvio przyszedł do mnie, gdy miałam balans, i to właśnie ta energia nas do siebie przyciągnęła. Dlaczego ją tracę?

– Musisz zrozumieć, że jesteś w energii zakochania i oczekiwania na radość. To silna i, jeżeli tylko pozwolisz sobie na skorzystanie z niej, bardzo wznosząca energia. Dodatkowo wiesz, że cokolwiek by się nie działo, to jak się znowu spotkacie, będziecie odczuwać radość. Pamiętaj, proszę, że przy żadnym innym mężczyźnie tego nie czułaś.

Nie miałam nic do dodania. Zdałam sobie sprawę z tego, że tak naprawdę nie chcę mieć faceta, który będzie mnie rozliczał z każdej minuty mojego życia, bo to już miałam.

Julia zaczęła wymieniać:

BALANS
BYCIE WOLNYM W ZWIĄZKU
ZABAWA
RADOŚĆ
ZAJĘCIE SIĘ SWOIMI SPRAWAMI
WSPÓLNOTA
UCZUCIE
DOBROĆ

– Hey sweety – dodałam.

– No właśnie. „Hey sweety" – powtórzyła z radością Julia. – Nie bój się! Idź za tym! Dostajesz najcudowniejszy dar od życia: możliwość przeżycia zakochania. To cudowne, bez względu na to, jak to się skończy.

– Chciałam ci jeszcze powiedzieć, że dzisiaj podziękowałam swojemu eks za to, że mnie zostawił. Poszłam do biura, w którym nadal razem pracujemy, i zapukałam do jego gabinetu. Ze środka usłyszałam chłodne „Proszę". Weszłam. Siedział przy biurku ze swoją obecną partnerką. Podeszłam bliżej, spojrzałam najpierw na nią i powiedziałam: „Przepraszam, ale muszę to zrobić". Pochyliłam się nad nim, ucałowałam go w policzek i powiedziałam: „Dziękuję ci bardzo za to, że mnie zostawiłeś. Ja nigdy nie miałabym odwagi, aby to zrobić". Byłam wzruszona, gdy to do niego mówiłam, i poczułam takie ciepło i spokój. Poczułam zgodę – powiedziałam.

Julia zamilkła na chwilę, wzięła głęboki wdech i wydobyła z siebie przecudowne:

– O Boże! Ty jesteś niesamowita! To najwyższa forma uszanowania i wdzięczności dla człowieka, jaką można go obdarzyć! Jeszcze jedno, Iwonko. Posłuchaj, proszę. Mówisz, że Fulvio rzadko do ciebie pisze i że prawie nie rozmawiacie ze sobą. Gdzie jest napisane, ile esemesów facet musi wysłać, żeby udowodnić, że cię kocha i mu na tobie zależy? Otul to! Przytul to! Pozwól sobie na to, co czujesz! Pamiętaj. Możesz spędzić z mężczyzną dwie godziny w łóżku i nie mieć z nim takiej satysfakcji jak z innym, z którym jesteś pięć minut. Czas nie ma znaczenia.

– No tak, masz rację – skomentowałam. – Żałuję, że nie mam nagranego filmu. To, co ja przeżywałam, gdy leżałam obok niego w łóżku, było kosmiczne. Fulvio jest dla mnie ikoną piękna. Jego twarz… nawet jak się nie uśmiecha…, ale jak się uśmiechnie, to ja już nie mogę. Ale to nie jest piękno z okładek żurnala, jest w tym coś głębszego. Gdy patrzę w jego kochające i ciepłe oczy, gdy widzę jego cudowny, szczery i czuły uśmiech, czuję się jak w raju. Jego aura mnie przyciąga. Gdy jestem blisko niego, czuję spokój, akceptację i bezpieczeństwo… Czuję błogostan.

– Czuję to, kochana! Teraz chciałabym się do ciebie przytulić, bo jesteś taka puchata, taka miękka i słodka. Ja zawsze mówię, że miłość ma wygląd różowej landrynki – dodała.

– Tak, ja i Fulvio: taka moja skóra, tacy wtuleni, taka cisza, taki spokój, taka zgoda i nic więcej do szczęścia nie jest potrzebne. Żadnego napięcia, żadnych oczekiwań, tylko leżeć i upajać się tą bliskością… Dziękuję ci, Julia. Dziękuję za cud życia! Takie cuda! Te wakacje to największy prezent, jaki mógł mi się wydarzyć!

– Tak. Otul to. Pozwól sobie na to. Ciesz się tymi godzinami, które z nim spędziłaś i które on ci dał. Bądź wdzięczna, że mogłaś nacieszyć swoje oczy i nakarmić zmysły. To kolejny wielki prezent, który dostałaś od życia. Nigdy wcześniej nie patrzyłaś w ten sposób na mężczyznę – powiedziała do mnie z czułością.

A naszą sesję podsumowała słowami:

– Pamiętaj, kochana, że przeszłaś długą drogę. Dużo rzeczy już przepracowałaś i zasługujesz na to, żeby otaczali cię świadomi ludzie i aby cię kochali i szanowali. To jest cudowne, Iwonko.

Lekcja, którą odebrałam: **Pozwól sobie na to, co przychodzi.**

Lekcja, którą Ty odebrałaś:

PŁYNĘ

Pierwsza rozmowa z moim włoskim kochankiem na FaceTime.

Jak to się stało?

Piątek. Znajomy i długo wyczekiwany sygnał z WhatsAppa. Chwyciłam telefon i…

Tak! To on! Napisał!

Pospiesznie odblokowałam ekran i przeczytałam:

Cześć, słodka. Co u ciebie? 

Napisać? Czy nagrać wiadomość? Nagram!

Hello. Pytasz mnie, jak się czuję. Ach, to nie jest łatwe. Jestem trochę smutna, jak każdego wieczoru, gdy jestem sama w domu. Właśnie skończyłam moje warsztaty ceramiczne. Lubię je i lubię być z ludźmi wrażliwymi na sztukę. Rozmawiamy, śmiejemy się i spędzamy bardzo miło czas, ale po dwóch godzinach trzeba wracać do domu… i to nie jest dla mnie proste. Chciałabym cię zobaczyć na wideo. Jeśli chcesz, to będzie to dla mnie ogromna przyjemność. Dużo całusów i gorące przytulanie dla ciebie, mój przystojniaku.

Dziękuję słodka. Co powiesz na spotkanie na FaceTime jutro rano?

Siii.

Wcześnie, bo w sobotę godzina 8:00 to dla wielu osób wciąż poranek, mieliśmy swoją pierwszą wideorozmowę, podczas której zostałalam obsypana słowami:

– Jesteś seksi i słodka, nawet przez telefon, tęsknię za tobą, brakuje mi ciebie.

Mogłam spojrzeć mu głęboko w oczy, nakarmić się cudownym tembrem jego głosu i poczuć, że nie jestem sama. Odczułam mieszankę ekscytacji i zawstydzenia. Zawstydzenia? Tak, też jestem zdziwiona. Fulvio mnie zawstydza, jak żaden inny mężczyzna. Cała moja wcześniej odbudowana pewność siebie uleciała, niczym ostatni podmuch włoskiego lata.

W niedzielę zaplanowałam odwiedziny u mamy. Jak zawsze przy tej okazji jadę na gdańską starówkę, która jest moim zdaniem najpiękniejszym architektonicznie miejscem w Polsce. I bez względu na to, jak często tutaj jestem, zawsze czuję to samo wzruszenie i oczarowanie.

To moje miasto!

To, o czym marzę, to spacer z Fulvio. Idziemy brukowanymi uliczkami w otoczeniu tysięcy turystów, czując zapach portu i cukrowej waty. W oczekiwaniu na przejście zwodzonym mostem podziwiamy stary spichlerz i pięknie odnowione kamienice. Woda, w której skrzy się już prawie zachodzące słońce, rozbija swoje delikatne fale o doki mariny.

Gdańsk to na razie jedyne polskie miasto, które odczuwam tak głęboko jak włoską Florencję, Bolonię i San Gimignano. I jestem pewna, że moje odczuwanie byłoby jeszcze bardziej intensywne, gdybym była tu otulona ramionami ukochanego i mogłabym w jego oczach przyglądać się zachodzącemu za horyzont słońcu.

Wysłałam do Fulvio kilka zdjęć i zaproszenie do Gdańska, a w zamian otrzymałam słodkie:

Z Tobą wszędzie będzie cudownie. 

I tak Gdańsk został pierwszym polskim miastem na naszej wspólnej mapie marzeń.

***

Wróciłam do Warszawy i nadszedł jeden z tych wyczekiwanych wieczorów, kiedy dostałam od swojego Sycylijczyka coś więcej niż tylko „Buona notte":

Pragnę cię. 

> Ja także.

Odpowiadam i wysyłam mu zdjęcie swojej koronkowej czarnej bielizny.

Gorąco! Pozwól mi ją zobaczyć na sobie.

> Natychmiast czy poczekasz do przyjazdu
> do Warszawy?

Wybieram obie opcje.

> Dobrze, ale tylko wtedy, gdy obiecasz przyjechać
> do mnie najszybciej, jak to jest możliwe.

Tak, obiecuję.

> O nie! To nie będzie takie łatwe! Nagraj
> mi swoją obietnicę.

Ok, nagrywam.

Usłyszałam:

Oczywiście, *honey*. Obiecuję, że przyjadę do Polski i zostanę tutaj tak długo, jak tylko będę mógł, ponieważ ja naprawdę, naprawdę cię potrzebuję.

Dzisiejszego wieczoru odpowiadasz na moje wiadomości bardzo szybko – żartuję.

Nie lubisz tego? – spytał, śmiejąc się w głos.

Oczywiście, że lubię. Co robisz?

Leżę na kanapie, odsłuchuję i czytam twoje wiadomości i oglądam twoje zdjęcia, słodka.

Spotkajmy się o 21:39 – proponuję.

Dlaczego trzydzieści dziewięć? – pyta zdziwiony.

Bo tak chcę. – Kończę i wracam do swoich zajęć.

Mój Włoch jeszcze nie wie, że na moim koncie w Ryanair jest już potwierdzenie biletu do Bolonii.

Jak to się stało, że kupiłam bilet, zapytasz.

Poprzedni tydzień był dla mnie bardzo trudny. Czułam tak silny niepokój, że mogłabym stracić Fulvio i już nigdy więcej go nie zobaczyć. Dlatego nie zastanawiając się wiele, otworzyłam kalendarz lotów i gdy tylko zobaczyłam wolny poniedziałek – kupiłam bilet.

Ogarniające mnie emocje – ekscytacja, euforia i podniecenie przywołały wspomnienia i dawały nadzieję na powtórkę tego, co już raz przeżyłam.

A co mi tam – pomyślałam. *Nawet jakby coś nie wyszło z Fulvio, to przylecę do mojej siostry i spędzimy razem cudowny czas.*

Nie wytrzymałam! Chociaż tego nie planowałam, gdy ujrzałam jego uśmiech i te cudowne oczy, powiedziałam mu o bilecie.

To, co usłyszałam, było jak widok pięknej tęczy po wiosennym deszczu.

– Kupiłaś bilet? – zapytał.

– Tak, kupiłam.

– Jak się cieszę! To najcudowniejszy prezent urodzinowy, jaki mogłem sobie wymarzyć.

– Urodzinowy? – zapytałam.

– Tak, bo dwudziestego ósmego października obchodzę swoje urodziny. Jeszcze nikt nigdy nie zrobił mi tak cudnego prezentu.

– To nieprawdopodobny zbieg okoliczności – komentuję – bo ta podróż to także mój prezent urodzinowy.

– Naprawdę? Nie żartujesz? – spytał.

– Nie żartuję. Moje urodziny są zaledwie kilka dni po twoich. To będzie dla nas fantastyczny czas.

– Dziękuję ci bardzo – zakończył.

* * *

Pierwsza poranna seks randka online i znów poczułam kobiecą energię. Wróciła do mnie ochota na żarty i figle. Wieczorna dawka czułości rozpaliła mnie na nowo. Ze zdziwieniem obserwowałam, jak niewiele potrzebowałam, aby wznosząc się na fali zakochania, znowu poczuć wiatr we włosach.

Rano ubrałam się elegancko, założyłam swoje ulubione szpilki i ruszyłam do biura. Czułam, że frunę. Moja aura udzielała się wszystkim wokół. Nie było osoby, która nie zwróciłaby na mnie uwagi. Mój szczęśliwy uśmiech niektórych cieszył i wyzwalał w nich dobry humor, innych zaś wprowadzał w zdumienie. Miałam wrażenie, że przechodnie pytają mnie z niedowierzaniem: „Ej, blondynka! Jak można być tak szczęśliwym o ósmej w poniedziałek?".

Cudowny nastrój utrzymywał się przez cały dzień. Znowu czułam się kochana, ważna i potrzebna. To naprawdę dziwne, jak szybko i niespodziewanie zmienia się nasze postrzeganie samych siebie. Zanim spotkałam Fulvio, byłam już pewna, że jestem ustabilizowana. Kochałam siebie i żyłam w przekonaniu, że nikt i nic nie jest w stanie zachwiać moim poczuciem własnej wartości. Mój czarujący Włoch szybko pokazał mi, że tak mi się tylko wydawało. Dzięki tej relacji zobaczyłam, jak dużo pracy jeszcze przede mną.

Wystarczyło, że mężczyzna, na którym mi zależy, nie okazywał mi takiego zainteresowania, jakiego oczekiwałam, a moja pewność siebie gwałtownie spadała. Zza szafy wychodziły „stare demony", mój prześladowca – strach – rósł w siłę, a ja w panice nie wiedziałam, co ze sobą zrobić. Mój świat potrafił się zawalić w ułamku sekundy, czego niestety doświadczyłam jeszcze tego wieczoru.

O 21:02, zachęcona porannymi igraszkami, wysłałam zaczepne: „Cześć, co robisz?" – …i nie doczekałam się odpowiedzi.

Co czułam?

Złość, że mnie ignoruje, zawód niespełnionych oczekiwań i rozczarowanie niezrealizowanymi marzeniami.

Dlaczego tak bardzo jest nam potrzebna akceptacja innych?

Dlaczego tak bardzo potrzebujemy miłości i uznania drugiego człowieka?

Dlaczego szukamy dopełnienia swojej wewnętrznej pustki w innych?

Dlaczego sami nie potrafimy się ukoić?

Nikt nas tego nie nauczył!

Nikt nam nie pokazał, że to, czego pragniemy, możemy znaleźć w sobie!

Nauczono nas oczekiwać tego od innych!

Rano nie czułam już złości, ale nie chciałam dać za wygraną i postanowiłam poczekać, aż to on odezwie się do mnie pierwszy. To tak, jakbym była małą dziewczynką i brałabym odwet na rodzicach za to, że nie robią tego, co chcę. Tylko o ile taka taktyka zadziała w przypadku dziecka i rodziców, którzy zrobią wszystko, aby uszczęśliwić swoją małą księżniczkę, o tyle ze zbalansowanym mężczyzną może być różnie.

No i właśnie zadaję sobie pytanie: *Kto tu kogo bierze na przeczekanie? Ha? Ha?* Otóż, gdy nie piszę, bo czekam, aż on napisze, to nadal czekam ja, a nie on!

Moje zakochanie w Fulvio uświadomiło mi, że jesteśmy w stanie poznać siebie samych tylko poprzez relacje z innymi ludźmi. Możemy sobie wmawiać, że jesteśmy zbalansowane, że czujemy się świetnie w swoim towarzystwie, że jesteśmy silne wewnętrznie, że nic nie jest w stanie wytrącić nas z równowagi. Możemy także mieć wrażenie, że wiemy o sobie wszystko i że jesteśmy stabilne. Ale dopiero gdy los postawi na naszej drodze drugiego człowieka, widzimy, ile z tego jest prawdą, a ile tylko naszym wyobrażeniem o sobie.

Z im większą liczbą emocji wiąże się twoja relacja z drugą osobą, tym bardziej wpływa ona na ciebie i pokazuje obszary, które masz do przepracowania. Patrząc w oczy drugiego człowieka, możesz dostrzec swoje pragnienia, swój strach i swoje ograniczenia.

A jednak! O 6:31 pojawiło się bardzo ciche, jakby z nutą wyrzutów sumienia:

 Dzień dobry słodka, czy spałaś dobrze?

Nie, nie spałam dobrze. Żadnych odpowiedzi, żadnych wiadomości ostatniego wieczoru.

 Przepraszam. To był bardzo długi i trudny dzień, ale nie martw się, wszystko jest w porządku. Naprawdę przepraszam – nagrał, a brzmiał tak, jakby sam siebie pocieszał i uspokajał.

Być może na fali wyrzutów sumienia, a może czegoś jeszcze innego, czego nie jestem w stanie sobie wyobrazić, wysłał mi swoje zdjęcie przed wyjściem do pracy. W ciągu dnia, jak nigdy dotąd, zapytał mnie, jak się czuję, a wieczorem – pierwszy raz od naszego rozstania na lotnisku w Bolonii – pisaliśmy do siebie przez prawie trzy godziny.

W kolejny piątkowy poranek, Fulviaczek – polska wersja Fulvio, gdy jestem w dobrym humorze i energii ukochania – informuje mnie, że jedzie do swojego syna, do Mediolanu. Nie biorę sobie tego zbytnio do serca, bo przecież wyjazd do syna to nic tak spektakularnego. Jednak bardzo szybko rzeczywistość weryfikuje moje wyobrażenia.

Za bramami Mediolanu Fulvio znika. Energia tego miasta pochłania go i mój cud-chłopak zapada się jak przysłowiowy kamień w wodę. Nie odzywa się przez całą sobotę, nie daje znaku życia w niedzielę.

Co robię? – pytasz.

Kolejny raz próbuję swoich sił i w odwecie postanawiam wziąć udział w zabawie w chowanego. Także znikam.

Wiadomość, którą dostaję w poniedziałkowy poranek, rozbraja mnie:

Dzień dobry słodka czy zapomniałaś o mnie?

Czy to jakiś żart? – pomyślałam. Co to za gość?! Nie odzywał się całą sobotę i niedzielę i pyta mnie, czy o nim zapomniałam?

Nie, nie zapomniałam o tobie. To ty zapomniałeś o mnie. Ja nadal czekam na odpowiedź na pytanie, które zadałam Ci w sobotę.

To niemożliwe, żebym o Tobie zapomniał, jesteś częścią mnie. Przepraszam, ale byłem zmęczony po trzech bardzo intensywnych dniach, ale wszystko jest w porządku. Tęsknię za tobą bardzo. Chcę mieć cię tutaj przy sobie w moich ramionach i chcę się z tobą kochać. Obsypuję cię słodkimi pocałunkami i tęsknię.

Kurwa! – myślę sobie. Gdzie jest granica między mężczyzną w balansie, zajętym swoimi sprawami, a mężczyzną, który cię nie szanuje? Czy ktoś mi na to odpowie? Jak bardzo jeszcze mogę się rozciągnąć w energii zakochania? Ile jeszcze będę w stanie zignorować?

Kolejne dni upłynęły leniwie i bez wielkich fajerwerków. Codzienne „dzień dobry" i „dobranoc" jak między starym dobrym małżeństwem.

Takie coś, żeby nie było, że nic, ale takie nic, żeby uznać to za coś.

Aż do dzisiejszego wieczora, gdy z wanny poderwał mnie dźwięk WhatsAppa i wiadomość:

Potrzebuję twoich pocałunków, twojej skóry, twego ciała nad moim, twoich piersi, twojego smaku,

> wszystkiego w tobie. Twoje go go go brzmi ciągle
> w mojej głowie.

Na takie wyznanie nie chciałam zostać obojętna. Tego wieczora mieliśmy kolejną seks randkę.

Rano wstałam leniwie. Byłam zrelaksowana i szczęśliwa. Na fali wczorajszej energii podniecenia wyjęłam z szuflady piękne czarne pończochy, zakończone koronkową taśmą, a do nich czarny, elegancki koronkowy pas. Do tego dobrałam czarne szpilki i nową sukienkę w kolorze burgundzkiego wina. Uwielbiam pończochy. Są takie kobiece.

Zawsze, gdy je ubieram, myślę o mojej mamie. Tak, moja mama, o ironio, choć nie dbała o siebie przesadnie, aby nie wzbudzać zazdrości w moim tacie, to z noszenia pończoch nigdy nie zrezygnowała. Uwielbiałam patrzeć, z jaką gracją je nakładała. Najpierw delikatnie wyciągała je z foliowej torebki i kładła na łóżku jak wijące się serpentyny. Następnie z uwagą brała każdą z osobna i naciągała na obie dłonie, potem równomiernie, prawie synchronicznie, aby ich nie porwać, wsuwała między dłonie swoje smukłe stopy. Od stóp powoli podążała w górę w kierunku kostek i pięknie zarysowanych łydek, aby po krótkim zatrzymaniu na wysokości kolan, zakończyć tę zmysłową, prawie erotyczną podróż na swoich zgrabnych udach. Kulminacyjnym punktem tej ceremonii było mocowanie żabek pasa do pończoch. Ta na pozór prosta czynność wielu kobietom przysparza nie lada trudności. Wymaga bowiem niesamowitej precyzji w zebraniu odpowiedniej ilości materiału, tak aby kapryśna żabka dała się zapiąć.

KOBIETA – JEDEN PAS, DWIE POŃCZOCHY I CZTERY ŻABKI – ZMYSŁOWOŚĆ

Ten obraz zostanie na zawsze w mojej pamięci i będzie przywoływał ciepłe wspomnienia o mamie, która przez całe swoje życie, z lęku przed odrzuceniem, powstrzymywała swoją dziką, kobiecą energię. I dlatego jestem wdzięczna za to, że ja mogę się ze swoją kobiecością obnosić jak z czymś, co mnie dopełnia i daje mi siłę.

Mamo, kocham cię i jest mi smutno, że nigdy nie było nam dane porozmawiać ze sobą jak kobieta z kobietą i jak przyjaciółka z przyjaciółką, ale jestem pewna, że mnie kochasz i zawsze jestem w twoim sercu.

W pracy miałam dosyć intensywny dzień, który przerywało mi znane uczucie: lekki ucisk w klatce piersiowej, problem z zaczerpnięciem powietrza, głęboki, jakby wymuszony oddech połączony z niepokojem. Po chwili błogość i pojawiający się przed moimi oczami obraz Fulvio.

Napisałam:

> Kochany. Wiesz może, kto tak intensywnie o mnie myśli, że nie mogę się skupić? ♥

Jeżeli wydaje ci się, że myślisz o mężczyźnie, to musisz być świadoma tego, że to on o tobie myśli, a ty to tylko odczuwasz.

Po takim odczuwaniu trudno jest, jakby nigdy nic się nie stało, wrócić do pracy. Co zrobić, aby chociaż na chwilę zatrzymać szalejące w moim brzuchu motyle? Może lepiej będzie z tym nie walczyć, tylko poddać się temu odczuwaniu? Z ciekawością obserwuję siebie i patrzę, dokąd zabiorą mnie te emocje.

Patrzę na siebie i widzę: sukienka, szpilki, pończochy...

Qualcosa di caldo?[2]

??

Napiszesz mi coś gorącego? Czy to propozycja?

Może.

Wow interesujące.

Ale ja nie jestem dobrą pisarką.

Może mi coś powiesz?

Przepraszam, ale słabo mówię po angielsku i włosku.

Może prześlesz mi jakieś zdjęcie?

Wysłałam mu zmysłowe zdjęcie mojej łydki, otulonej elegancką, czarną pończochą.

Gdzie jesteś?

W biurze.

Może coś bardziej gorącego?

---

[2] Tłum. „Coś gorącego?".

Bardzo, bardzo gorącego?

Tak, tak!

Czuję jego euforię. Tym razem mógł zobaczyć już nie tylko moją łydkę, ale i udo otoczone misternie tkaną koronką, którą kończyła się moja pończocha.

Wystarczy?

Z tobą nigdy nie jest dość. Więcej proszę.

W biurze to niemożliwe. Za dużo przystojnych mężczyzn się tutaj kręci.

Czekam na to…

Następnym razem mój przystojniaku.

Nieeee, proszę.

Nie jesteś zajęty?

Jestem w domu, proszę…

Trzecie zdjęcie smukłych ud w pięknych koronkowych pończochach i dwóch nieśmiało wystających spod sukienki żabek.

Jak chcesz jeszcze więcej, chodź do mnie.

Wow! Chodzisz w tym do biura? Rozgrzewasz mnie.
Pragnę cię.

Tak. Uwielbiam pończochy, więc kiedy tylko przychodzi jesień, wyciągam je z szuflady, nakładam na dłonie i delikatnie nasuwam na swoje nogi.

MMMMMMM. Jestem zazdrosny.

Mam nadzieję ☺

Jestem! Proszę prześlij mi jeszcze jedno zdjęcie.

Widzę, jak pewna nutka niepewności przemyka przez moją głowę. Zrobić to czy odpuścić? Wypłynąć na ocean nieograniczonej fantazji czy zostać na brzegu? Nie będę się już więcej bać!

Idę do gabinetu prezesa, zamykam drzwi, podciągam sukienkę tak, aby obok koronkowego pasa do pończoch były widoczne moje pięknie opalone i złożone niczym w pocałunku uda, a ponad nimi koronkowe czarne majtki, podkreślające moją wąską talię.

Czy to wystarczy?

Nie, nigdy nie jest dosyć. Byłoby cudownie mieć cię tutaj.

Kolejny dzień w biurze i nie jestem w stanie pracować. Czuję ekscytację połączoną z delikatnym lękiem. Nie wiem, co jest pierwsze – czy to oddech przyspiesza, a serce zaczyna szybciej bić, czy odwrotnie. Tak, to ten moment, gdy ogromne stado motyli budzi się w moim brzuchu. Jest ich tak wiele, że zrywając się do lotu, unoszą także moje ciało. Nabierają powoli wysokości, trzepocząc swoimi delikatnymi skrzydełkami. Czuję je kolejno w talii, w klatce piersiowej, a następnie w gardle. Nie mogę się skupić. Cyferki z Excela zlewają się w jedną całość. Staram się odwrócić od tego swoją uwagę, bezskutecznie zbieram myśli, próbuję wziąć kilka głębokich oddechów…, ale to nie pomaga. Nadal jestem w tym miłosnym uniesieniu, które pojawia się jakby znikąd, trwa chwilę lub dwie i odchodzi.

Nagle przez moją głowę przemyka szybkie jak strzała amora pytanie:

Dlaczego nie chcesz tego odczuwać?

I za nim kolejne:

Dlaczego chcesz to przerwać?

Dlaczego żałujesz sobie czegoś, na co ludzie czekają latami z nadzieją, że im się to przydarzy?

Odczuwanie miłości, tej najczystszej formy energii, to prawdziwy dar. Gdy w niej jesteś, ogarniają cię bezkrytycyzm i bezinteresowność. Miłość może być początkiem naszego odmrożenia, dzięki któremu spojrzymy na innych bez osądów. Czy nie byłoby nam lepiej żyć bez manipulacji drugim człowiekiem?

„Ślepa miłość", powiesz?

Nie, miłość nie jest ślepa. To właśnie to uczucie pozwala ci dostrzec w drugim człowieku wszystko, co posiada, a co bardzo często skrywa przed światem, bo albo nie ma odwagi tego pokazać, albo nie jest świadomy swojej głębi. Miłość do drugiej osoby pozwala ci dostrzec jej deficyty i pochylić się nad nimi z czułością.

Jak pisał Victor Hugo w *Nędznikach*: „Wystarczy zadać sobie trochę trudu, by pokrzywa stała się użyteczną; zaniedbana staje się szkodliwą. Wtedy ją niszczymy. Iluż jest ludzi podobnych pokrzywie! – Po chwili milczenia dodał: – Zapamiętajcie sobie, moi drodzy, nie ma złych roślin i nie ma złych ludzi. Są tylko źli ogrodnicy"[3].

– Może to nie jest łatwe, ale proszę, celebruj to – szepnęłam sama do siebie. – Zostań w tym jak najdłużej. Zobacz, co ci to przynosi, dokąd cię zabiera i jak zmienia twoje postrzeganie i myślenie. Pozwól sobie na świadome przeżywanie miłości.

---

[3] Victor Hugo, *Nędznicy* (t.1.) z serii Klasyka Powieści, Krystyna Byczewska (tłum.), wyd. Prószyński i S-ka, Warszawa 2004, s. 194.

Lekcja, którą odebrałam: **Warto się poddać odczuwaniu**.

Lekcja, którą Ty odebrałaś:

. . . .

. . . .

. . . .

. . . .

. . . .

. . . .

. . . .

. . . .

. . . .

. . . .

. . . . *Płynę*

. . . .

BOJĘ SIĘ

Płaczę dzisiaj cały dzień. Nagrywam ci się, bo chciałabym wiedzieć: Czy ja za dużo oczekuję od faceta, który mówi, że mnie potrzebuje i że jestem dla niego ważna? – tymi słowami zaczęłam moje nagranie do Julii. 

Czy ja za dużo wymagam, wysyłając jedną krótką wiadomość dziennie i licząc na to, że on odpowie na zadane pytanie?

Nie wiem, czy to jest próba moich sił, czy po prostu nie jesteśmy dla siebie?

Nie wiem, co powinnam zrobić?!

Nie wiem, czy ja dobrze rozumiem?!

A może ja nic nie rozumiem?!

Gdy Fulvio jest w tym sporadycznym kontakcie, zaraz włącza mi się mój system obronny. Myślę sobie: Obrażę się na niego, będę go tak samo traktować, jak on mnie traktuje. Po prostu na złość mamie odmrożę sobie uszy.

Co zrobić, aby osiągnąć balans? Utrzymać partnerską relację, nie wisząc na mężczyźnie i jednocześnie pielęgnując to, co jest fajnego między wami?

Gdzie jest ta równowaga pomiędzy byciem w sobie i w energii zajęcia się sobą, a szaleństwem zakochania, które domaga się więcej i więcej?

Jak wyważyć zachowanie własnej wolności i niezależności tak, aby jeszcze mieć potrzebę bycia z mężczyzną?

Kochana, właśnie przyszła mi taka myśl, że dużo łatwiej byłoby się odkochać. Dużo łatwiej byłoby znaleźć w Fulvio kilka, a może i kilkanaście wad i obrzydzić go sobie. Wiem, bo jestem w tym perfekcjonistką. Nie potrzebowałabym na to dużo czasu. W obrażaniu się jestem ekspertem. Swoje lekcje brałam u największego mistrza, jakiego znałam – u mojego taty, który potrafił nie odzywać się do mojej mamy przez kilka dni, aby ją ukarać za nieposłuszeństwo. Obrazić się to coś, co potrafię najlepiej.

Po rozstaniu, w energii obrażenia się z powodu niespełnionych potrzeb, mogłabym się zająć sobą i budować swoją niezależność. Bez problemu ponownie stworzyłabym pozory, że wszystko już przepracowałam, że nie ma już żadnych starych trupów w mojej szafie, a swoje niepowodzenia wytłumaczyłabym tym, że trafiam w swoim życiu na niewłaściwych facetów. Nie musiałabym się „rozciągać", tracić czasu na obserwowanie swoich reakcji oraz sprawdzanie, co i dlaczego je wywołuje.

Dlaczego, gdy nie dostanę tego, co chcę, czuję się ignorowana?

Dlaczego myślę, że osoba, która nie spełnia moich oczekiwań, mnie nie szanuje?

Dlaczego pomimo swoich pięćdziesięciu czterech lat, gdy chcę się na kimś odegrać, obrażam się jak mała dziewczynka?

W tym momencie zakończyłam nagrywanie i znowu się rozpłakałam.

Tak, to chyba nie o to chodzi! – pomyślałam.

Nie chcę działać tak jak dawniej.

Chcę być:

* zajęta swoimi sprawami, ale nie samolubna;
* niezależna, ale nie niedostępna;
* silna, ale nie władcza;
* zbalansowana, ale nie zimna;
* kochająca siebie, ale nie egoistyczna;
* wolna, ale nie samotna.

Jest mi naprawdę bardzo ciężko. Niekiedy kilkanaście razy dziennie ogarnia mnie niepokój. Obezwładnia mnie także rezygnacja.

Nie wiem, czy przyjęłam dobrą taktykę, decydując kolejny raz, że nie będę pisać do Fulvio.

Nie wiem, kogo i za co chcę tym ukarać.

Jego za to, że nie spełnia moich oczekiwań, czy siebie za to, że wpakowałam się w taki układ?

Czas pokaże.

STRACH JEST ENERGIĄ – WSPÓLNĄ CZĘŚCIĄ KAŻDEGO CZŁOWIEKA

Zbliża się weekend. Napisałam więc mojemu Sycylijczykowi, że mam nadzieję, że jego kolejny wyjazd do Mediolanu nie skończy się tak jak ostatnio. Zignorował to. Nie odpisał, nie zareagował i przez dwa kolejne dni się nie odzywał. To już się staje weekendową tradycją.

Siedem miesięcy temu rzuciłabym to wszystko. Obraziłabym się i znalazłabym sobie kogoś innego.

Ale nie teraz!

Dlaczego nie teraz?

Bo chcę z przebywania z Fulvio wyciągnąć jak najwięcej lekcji dla siebie! Chcę się rozciągnąć.

Nasza relacja przypomina trochę „świadomy związek" opisywany przez Bartka Stefańskiego na profilu FB: Budzimy się do życia.

Cytuję:

„Świadomy związek pokazuje, gdzie naprawdę jesteś. Jeśli w głębi duszy czujesz się samotna, związek sprawi, że poczujesz się jeszcze bardziej samotna. Jeśli w głębi duszy boisz się zaangażowania, związek zwiększy strach przed tym, co jest nie do zniesienia. To nie jest tak, że cierpisz, to dlatego, że wszechświat cię leczy. To twój sygnał do przebudzenia.

To jest wielki paradoks relacji. Wierzymy, że mogą ukoić nasze rany lub wypełnić pustkę, którą czujemy w sobie, ale ostatecznie – szczególnie w świętym związku – twoje rany i pustka zostaną wzmocnione i jeszcze bardziej odsłonięte.

Dlatego wielu ludzi wpada w niezależność lub twierdzi że są »wolnymi duchami«, a jednak w głębi duszy po prostu zbyt się boją, by zmierzyć się z surowością swojej traumy i bólu.

Relacje nie są tutaj po to, aby cię uspokajać lub sprawić, że poczujesz się komfortowo. Są po to, abyś się przebudziła i ostatecznie położyła kres twojemu cyklicznemu cierpieniu. Są twoją pobudką".

To mocne słowa, których sens odkryłam na początku mojej terapii. I ja w nie wierzę.

Wierzę w to, że nie bez powodu życie postawiło na mojej drodze Włocha o narkotyzującym mnie uśmiechu i spojrzeniu. Mężczyznę, który działa na mnie tak, że nie mogę się nawet na niego gniewać.

Dzięki Fulvio zdałam sobie sprawę z tego, że nigdy wcześniej nie byłam z mężczyzną, którego status materialny mnie nie interesował. Zawsze podświadomie szukałam partnera, który mógłby mnie w pewien sposób zabezpieczyć, dać mi wygodne i spokojne życie. Kogoś, przy kim mogłabym się zakotwiczyć na długie, stabilne lata.

A teraz?!

Z jakiegoś powodu nie ciągnie mnie do Karola – przedsiębiorcy, który mógłby mi dać przysłowiową gwiazdkę z nieba, który ma piękny dom otoczony lasem i dobrze prosperujący biznes. Z którym mogłabym zimą jeździć na swoje ulubione narty, a latem spędzać cudowny czas nad wodą.

Gdybym tylko chciała, to mogłabym sobie przy nim spokojnie żyć. Miałabym to, o czym kiedyś marzyłam. Z pewnością z biegiem czasu zaangażowałabym się w jego biznesy, co dałoby mi poczucie, że jestem ważna i potrzebna. Pomagałabym mu iii… I powtórzyłabym to, co robiłam dotychczas z moim eks.

Bardzo łatwo przychodzi mi rezygnacja z własnego życia i swoich potrzeb na rzecz poświęcania się innym – chociaż wcale tego ode mnie nie oczekują. Właśnie uświadomiłam sobie, że związek z Karolem mógłby być powrotem do przeszłości. Ani bym spostrzegła, a weszłabym w stare.

Może to, że – pomimo tych wszystkich zalet, które ma Karol – ja go tylko lubię, to moja podświadoma strategia obronna? Może wszechświat chroni mnie przed tym, aby nie wejść drugi raz do tej samej wody?

Wiem, że bardzo łatwo jest mi się zatracić i porzucić wszystko, co moje, chociaż nikt mnie o to nie prosi.

Może to wydaje się nieprawdopodobne, ale gdybym nie spotkała tych dwóch mężczyzn, nie odkryłabym, że pomimo odbytej terapii i pracy nad sobą cały czas jest we mnie ta skłonność do rezygnacji z siebie. To przez nią mogłabym porzucić marzenia o własnej firmie, o wydaniu książki i samodzielnym życiu.

Może z tego samego powodu ciągnie mnie do Fulvio? Do chłopaka z korporacji, który musi prosić o każdy dzień urlopu, który mieszka w służbowym mieszkaniu, jeździ służbowym samochodem, chodzi w zwykłych trampkach i bluzie?

Tylko dlaczego tak mnie do niego ciągnie?

Dlaczego to właśnie w nim się zakochałam?

Dlaczego jest jedynym mężczyzną, z którym chcę być?

Przyznam szczerze, kolejny już raz, że nie wiem, co mam myśleć i co mam robić.

Staram się uspokoić i jakoś poukładać to sobie w głowie. Niestety, jak na razie bez rezultatu. Pomimo tak długiej drogi, którą przeszłam, i takich postępów, jakie zrobiłam, mam wrażenie, że chodzę po omacku.

Głowa mówi: „Zostaw go, on nie jest tego wart"; serce błaga o jego uśmiech, spojrzenie i energię; a dusza kusi: „Zanurkuj w to, a zobaczysz rzeczy, o których ci się nawet nie śniło".

Pomyślałam, że jedyne, co może mi teraz pomóc, to kąpiel.

Napuściłam wodę do wielkiej, trzyosobowej wanny. Do piany dodałam kilka kropli aromatycznego olejku pomarańczowego i włączyłam swoją ulubioną muzykę.

Tej jesieni są ze mną „Ja ciebie też bardzo" Orkiestry Męskiego Grania i „A little bit of love" Toma Grennana.

Zanurzyłam swoje ciało w przyjemnie ciepłej i rozluźniającej wodzie, na miękkiej gąbce w kolorze mlecznej pianki rozprowadziłam cudnie kremowy żel do kąpieli i delikatnymi, kolistymi ruchami, masując całe swoje ciało, usuwałam z niego osiadły kurz. Po chwili miałam wrażenie, że zmywam z siebie coś więcej, że oczyszczam nie tylko swoje ciało. Napłynęła nostalgia, a za nią tak dobrze mi znane uczucia zakochania, zrozumienia i umiłowania.

Zaczęłam płakać.

Podniosłam telefon. W galerii zdjęć odszukałam to jedno jedyne, na którym stoimy z Fulvio przytuleni do siebie na lotnisku. Spojrzałam na mojego przystojniaka i łzy zaczęły napływać mi do oczu. Nie mogłam – nie chciałam już tego zatrzymywać. Z płaczem uwolniłam powoli emocje smutku i tęsknoty za tym, czego mi brak.

Spojrzałam w oczy mojego Sycylijczyka i zapytałam:

– Powiedz mi, kochany, co w tobie takiego jest, że mnie tak do ciebie ciągnie? – I powiększyłam sobie jego zdjęcie.

Już wiedziałam!

Te czarne, pełne miłości i ciepła oczy działały na mnie jak narkotyk. Kolejna faza łez przelała się przez moje niebieskie oczy, a za nią popłynął radosny śmiech.

Tak. Przez kilka minut płakałam i śmiałam się radośnie. Tak jakbym cieszyła się ze spotkania kogoś, kogo dawno nie widziałam. Tak jakbym odzyskała kogoś mi bliskiego.

Przyjaciela? Dawnego kochanka?

Tak się tym śmiechem i płaczem umęczyłam, że położyłam się do łóżka. Zasnęłam.

* * *

– Tak! Fulvio nie jest jednym z tych mężczyzn z „ulicy". – Tymi słowami rozpoczęłam swoje kolejne spotkanie z Julią. – Skąd to wiem? Bo tylko na niego tak ekstremalnie reaguję. Pamiętam Andrzeja, Karola i Guanara, z którymi spotykałam się po moim rozstaniu z eks. W ich towarzystwie czułam się zbalansowana i mocno osadzona w swojej kobiecości. Mówiłam jasno o swoich potrzebach, o tym, co lubię, a co mi się nie podoba. Czułam się wolna od oczekiwań, zajmowałam się swoimi sprawami i żyłam w balansie.

Żaden z tych mężczyzn nie pokazał mi tego, nad czym powinnam popracować. Żaden z nich nie wymagał rozciągania. Chociaż bardzo chętnie spędzałam z nimi swój wolny czas i bardzo ich lubiłam, to nie byłam w stanie zakochać się w żadnym z nich. Nie potrafiłam? Tak, nie potrafiłam, bo nawet próbowałam to w sobie odnaleźć. A zobacz, co się dzieje przy Fulvio! On mnie rozwala! W niedzielę znowu wyłam w poduszkę całe popołudnie. Mam takie momenty, że nagle niepokój ściska mnie w klatce piersiowej i w gardle, mam trudności z wzięciem oddechu i w panice szukam jakiegoś zajęcia, które rozładuje moje napięcie. Wiem, że mój włoski ukochany ma mnie czegoś nauczyć, tylko jak wziąć tę lekcję i nie zwariować?!

Skończyłam swój długi monolog, a Julia powiedziała:

– Kochana, Fulvio działa na ciebie inaczej niż pozostali mężczyźni, bo nie tylko bardzo go lubisz, ale dodatkowo zakochałaś się w nim. Oczywiście nie zaplanowałaś sobie tego. To zakochanie po prostu przyszło i nie miałaś na to wpływu. Zostało ci po coś zesłane. A teraz spójrz, proszę, z czym kojarzy ci się miłość i z jaką energią ją łączysz? Gdy pomyślisz: „Kocham Fulvio", to co oprócz motyli w brzuchu, euforii i uniesienia czujesz?

– To, co pierwsze przychodzi mi do głowy, to lęk, że go stracę – odpowiadam.

– No właśnie! – Julia zareagowała jak nauczyciel, który otrzymał idealną odpowiedź od ucznia. – Dla ciebie miłość i strach przed jej utratą są nierozerwalne. Najprawdopodobniej to rodzice pokazali ci ten schemat. To oni, żyjąc w wiecznym strachu o ciebie, zakodowali ci ten mechanizm. To mama i tata, którzy ciągle cię kontrolowali, wiecznie dmuchali na zimne i powtarzali:

„Kochamy cię, dlatego boimy się o twoje zdrowie.

Kochamy cię, dlatego boimy się o twoje życie.

Kochamy cię, dlatego boimy się o ciebie.

Boimy się, boimy się, boimy się…".

MIŁOŚĆ I LĘK –
NIEROZERWALNY TOKSYCZNY DUET?

– Lęk jest energią i jak każda inna energia przychodzi do ciebie niespodziewanie. U ciebie, moja droga, pojawia się z powodu tego, że boisz się stracić miłość. Jeżeli ją czujesz, to dosłownie krok za nią, jak brat bliźniak, kroczy lęk przed jej utratą.

– To się zgadza – wtrąciłam. – Wczoraj zrobiłam sobie sesję automatycznego pisania właśnie na stawienie czoła temu lękowi. Zadałam sobie pytanie, czego się boję, i zobacz, co napisałam:

Boję się, że on mnie nie kocha.

Boję się, że już nigdy Go nie zobaczę.

Boję się, że już nigdy mnie nie przytuli i nie będę mogła poczuć się tak, jak czułam się wtedy, gdy byliśmy razem.

– To, co przywołuje twój lęk, to słowa: „BOJĘ SIĘ" – odpowiedziała moja terapeutka. – W toku kulturowym mówiono nam ciągle:

„A ty się tego nie boisz?",

„Nie zrobię tego, bo się boję".

To, co ty robisz, nazywa się budowaniem związków na zasadzie lęku przed utratą i odrzuceniem. Jedyna miłość, jaką znasz, to miłość w poczuciu lęku. To jest dramat. Nie jesteś świadoma tego, że używając słów „boję się", zapraszasz do swojej przestrzeni lęk. To jest jak słowo klucz. Dlatego, jeżeli lęk się pojawia, to trzeba zrozumieć, że to jest tylko myślokształt, i nie można pozwalać sobie na to, żeby się tej energii strachu poddawać. Nie odżywiaj lęku, bo gdy poświęcasz mu uwagę, zasilasz go i dajesz mu wzrastać. Zacznij mocno oddychać i mów: „Widzę cię, ale cię nie odżywiam". Wtedy twój lęk nie jest już w tobie, tylko krąży wokół ciebie. Ty się już go pozbyłaś ze swojego wnętrza i uwolniłaś go, a on na nowo chciałby wejść, żeby znowu móc tobą zarządzać. Krąży więc wokół ciebie i co jakiś czas napływa, żeby się nakarmić. Jeżeli wiesz, że już raz go uwolniłaś, to nie musisz go już zasilać. Dla ciebie „kochać" to bać się odrzucenia i straty. To jakby twój osobisty kod miłości. Ale nie jesteś jedyną osobą, która tak reaguje. Koniecznie zmień myślenie. Strach jest i zawsze będzie nam towarzyszył, bo jest jedną z istniejących energii, ale to od nas zależy, czy pozwolimy mu się ponieść. To od nas zależy, jakich słów będziemy używać. Przekieruj swoje myśli i słowa na dobre doświadczenia. Przerwij to i zamień na inne myśli:

„Boję się, że go nie zobaczę" zamień, proszę, na: „Mam ogromną ochotę, żeby go znowu spotkać".

„Boję się, że go utracę" – „Chciałabym znowu się do niego przytulić".

„Boję się, że mnie zostawi" – „Tęsknię za nim".

Przepiękne rzeczy dzisiaj zobaczyłyśmy. Strach jest żywą energią, która krąży po ziemi. Po prostu jest. Zachowaj zaufanie do życia, że po coś cię ono tam prowadzi: po przeżycia, po miłość, po doświadczenie. Cokolwiek się wydarzy, w miłości dostaniesz to podwójnie. Zaufaj, że ten proces prowadzi właściwie. Ufaj pływowi, ufaj sile życia, która jest najsilniejsza i prowadzi w dobre rejony. Zrzucaj maski i stawaj w obliczu nagiej prawdy przed samą sobą: TAKA JESTEM. Bez udawania. Zadbaj tylko o to, aby mieć to światło w sobie.

– Napisałam list do taty – dodałam. – Był bardzo osobisty i opowiedziałam w nim o wszystkich swoich pretensjach, niespełnionych oczekiwaniach, o braku miłości i swojej samotności, które czułam jako dziecko. To dziwne, bo wydawało mi się, że już dawno uporałam się z tym problemem i byłam pewna, że moje serce jest od tego wolne. Napisałam go, a po kilku dniach postanowiłam spalić. Ostatni raz przeczytałam ten list, wzięłam zapałki i poszłam do toalety. Podpaliłam jeden róg papieru i wpatrując się w płomienie, zaczęłam rozmowę z tatą.

Płakałam i mówiłam:

„Tak za tobą tęsknię, kochany tato".

„Tak bardzo cię kocham i tak mi ciebie brakuje".

„Wiem, że Ty też mnie kochałeś, tylko nie zawsze umiałeś mi to pokazać".

„Wiem, że jesteś ze mnie dumny".

„Kocham cię".

Ten proces tak mnie oczyścił, że w ciągu dziesięciu minut zadzwonił do mnie Fulvio. To było mistyczne. Energie są naprawdę żywe. Powiem więcej. Gdy paliłam ten list, to odpuszczałam także całą swoją złość do Fulvio i uszanowałam wszystkich mężczyzn. Po raz pierwszy prawdziwie uznałam ich prawa.

- Prawo do bycia człowiekiem.
- Prawo do bycia nieidealnym.
- Prawo do słabości.
- Prawo do wolności.
- Prawo do tego wszystkiego, do czego dotychczas nie dawałam im prawa.

Wyrastałam w rodzinie, w której mężczyźni byli traktowani instrumentalnie. Z pewnością nie był to tylko problem mojej rodziny, ale ogólnospołeczny. Kobiety, jakby w odwecie za swoje pokoleniowe krzywdy, nie szanowały mężczyzn. Mówiły: „Jesteś głupi"; „Zajmij się czymś"; „Do roboty byś się zabrał". Spotkania rodzinne polegały na wylewaniu wzajemnych pretensji o to, który z moich wujków czy też mój tato coś złego zrobił lub czego nie zrobił, mimo tego, że powinien. Na rodzinnych biesiadach słyszałam: „Facet jest po to, aby przynosić do domu pieniądze"; „Musi zadbać o byt"; „Musi być twardy i silny"; „Facet nie może zachowywać się jak dziecko"; „Facet musi mieć jaja". Podobnie jak mężczyźni nie pytali kobiet, tak i kobiety, tańcząc ten toksyczny, społeczny taniec, nie pytały mężczyzn o ich potrzeby, odczuwane emocje i problemy. Mężczyźni, aby uśmierzyć swój ból i się znieczulić, aplikowali sobie jedyny dostępny przy ograniczonym budżecie lek… Alkohol, który o ironio, nawet w bardzo trudnych czasach, gdy jedzenia było jak na lekarstwo, między innymi w stanie wojennym, był zawsze dostępny. Niestety zażywane leki nie leczyły pacjenta. Odcinały go wprawdzie na jakiś czas i dawały mu poczucie beztroski, ale też uzależniały. Dodatkowo mężczyźni, aby ponownie świat realny zamienić na ten, o którym marzyli, potrzebowali coraz więcej i więcej wody ognistej. To jeszcze bardziej nakręcało spiralę braku szacunku do nich i sprowadzało ich na margines rodziny, w której byli nieudacznikami i pijakami.

Mój boże, dziękuję za ten wieczór – powiedziałam na koniec Julii.

* * *

Rankiem znowu odwiedził mnie lęk. Tym razem przyjął inną taktykę. Usiadł na moim ramieniu i obiecał, że gdy tylko zakończę swoją znajomość z Włochem, on już nie wróci.

– Cóż za propozycja nie do odrzucenia! – powiedziałam z ironią.

W sumie jest to jakaś taktyka – zostawić faceta, zanim on mnie porzuci. Tak na wszelki wypadek, aby być pierwszą. Lepiej porzucić z lęku, niż zostać porzuconym.

„Dwóch chłopców stoi na górce. Chcą zjechać w dół sankami, ale się boją. Jeden w końcu mówi: »Ja jadę, bo jak mam się tak bać, że się wywrócę, to już wolę się wywrócić«"[4] – Jacek Walkiewicz.

---

[4] Jacek Walkiewicz, *Pełna…*, s. 59.

– Nawet nie myśl, że zrezygnuję z zakochania – mówię.

Mam czas, więc zobaczę, co jeszcze do mnie przyjdzie. Mam w dupie to, kto będzie pierwszy. Jeżeli Fulvio nie będzie chciał ze mną być, to odejdzie. Ja wiem, co do niego czuję, i nie interesuje mnie to, co ty, lęku, sobie myślisz i co planujesz. Jestem zakochana i cudnie się w tym zakochaniu czuję. Nie zakończę tego tylko po to, żeby się nie bać. Jak mówi moja terapeutka Julia: „Miłość się zawsze o siebie upomni i gdy jedno się kończy, pojawia się drugie".

Doskonale znam taktykę lęku. Gdy odpuszcza jeden temat, zaraz przykleja się do kolejnego, aby się nim karmić. W moim przypadku możliwości jest aż za wiele. Wydanie książki, nowa firma, dotychczasowa praca i milion innych rzeczy, o które można się bać. Wolę się więc przewrócić.

Lekcja, którą odebrałam: **Strach można pokonać, używając odwagi.**

Lekcja, którą Ty odebrałaś:

BUDZĘ SIĘ

Warsztaty garncarstwa, na które chodzę, to jak powrót do dzieciństwa. Pamiętam, jak w czasach szkolnych uwielbiałam zajęcia z plastyki i techniki. Pamiętam też, z jaką przyjemnością uczyłam się od mojej mamy haftowania i szydełkowania. Było to jedno z tych zajęć, przy których potrafiłam „odciąć" się od głowy i po prostu tyle nie myśleć.

Do pracowni Basi trafiłam świeżo po rozstaniu ze swoim eks. Warsztaty były jak rzucone mi przez los koło ratunkowe. Tutaj spotkałam kobiety z pasją do malowania, lepienia, szydełkowania i innych… nia… nia.

Dzisiaj kolejny warsztatowy piątek. Jednak nie chcę już malować obrazu irysa. Zmęczył mnie. Nie mam już do niego serca. Teraz chcę lepić!

Moim pomysłem jest – inspirowany zakochaniem do włoskiego motocyklisty – anioł siedzący na motorze. Niestety, aby przejść od etapu „mieć plan" do etapu „mieć anioła", trzeba przetrwać proces twórczy. Bardzo szybko życie zweryfikowało moje umiejętności manualne i wymusiło na mnie zmianę planu. Moje dłonie i moja wyobraźnia nie chciały współpracować, a glina była zbyt miękka, aby grać rolę rozjemcy. Uparłam się jednak i po dwóch godzinach spod moich „magicznych" rąk wyszedł cudowny, złotobrązowy anielski chłopak z irokezem na głowie. Przez ramię miał przewieszoną czerwoną gitarę elektryczną, a na piersi nosił czerwono-złoty znaczek „peace and love". Niestety nie na motorze, ale i tak przypominał mi Fulvio, bo był tak jak on lekko zgarbiony. Najwspanialsze w tych zajęciach jest to, że niczego tu nie muszę. „Ja mogę".

Moja pobudka dotyczy także sfery biznesowej. Mam za sobą pracowity weekend z Aldoną, moją przyjaciółką, tworzącą stronę internetową firmy IMONA, której jestem wspólniczką.

Dlaczego IMONA?

I – jak Iwona, moje imię,

M – jak Monika, imię mojej wspólniczki,

ONA – nasza klientka – business women.

Kobieta – pełna pasji i pomysłów. Właścicielka firmy, którą przytłacza, a czasami nawet wkurwia bałagan w biurze. Nie lubi papierkowej roboty, ale zgodnie z prawem musi gromadzić te wszystkie dokumenty. Jednym z jej marzeń jest to, aby wstać rano, pójść do biura, otworzyć szafę i ujrzeć pięknie opisane segregatory wypełnione dokumentacją. I właśnie nasza firma będzie robiła takie i nie tylko takie cuda.

IMONA to także „I'm ona", czyli jestem ona, jestem nią, jestem – tak samo jak moje klientki – właścicielką firmy, kobietą, matką…, co pozwala mi na doskonałe wczucie się w jej sytuację i zrozumienie jej problemów.

Jak to się stało, że po tylu latach prowadzenia biznesów ze swoim eks, odważyłam się na swoją własną firmę? No może nie do końca własną, bo mam cudowną partnerkę, ale słowo „własna" jest dla mnie bardzo wymowne, bo oznacza, że nie ma w niej mojego eks.

Wszystko zaczęło się siedem lat temu, gdy poznałam kobietę o tak cudownej duszy, że nawet jak przeklinała, promieniała jasnością, a każde wydobywające się z jej ust „kurwa" przybierało postać cudownego bukietu kwiatów. Wtedy właśnie znalazłam się w Londynie i potrzebowałam noclegu. Pomógł mi mój były chłopak Marek, który ma niezwykły dar łączenia ze sobą cudownych ludzi.

„Przyjeżdżaj do nas", powiedział i tak poznałam jego dziewczynę – Gosię. Nasze drogi na nowo się zeszły w marcu tego roku, gdy została moim coachem i ratowała mnie po rozstaniu.

To jest dopiero historia na kolejną książkę. Hi, hi.

Dzięki Gosi poznałam z kolei Martę – cudnego anioła kobiecości, która uczy ludzi żyć w lekkości i która zaprosiła mnie na jubileuszowe spotkanie „szkoły liderek". Znalazłam się tam, chociaż nie powinnam, bo było ono organizowane tylko dla byłych uczestniczek warsztatów.

To było cudowne, czerwcowe popołudnie. Czekałam na Martę w restauracji „Frida". Nigdy wcześniej spotkanie z kobietami nie było mi tak potrzebne jak teraz. Wprawdzie na swojej życiowej drodze pokonałam już ostry wiraż, ale na prostej, którą widziałam przed sobą, nie było jeszcze nic. Tego wieczora poznałam wiele kobiet emanujących szczęściem i kreatywnością oraz wewnętrzną odwagą. Rozmawiałyśmy o biznesach i o prywatnym życiu, kosztując specjały „Fridy". Ja zaczęłam od margerity i krewetek w ostrym sosie. Nie zauważyłam momentu, gdy przysiadła się do mnie Monika. Od razu coś między nami zaiskrzyło. Około dwudziestej drugiej miałyśmy już opracowany plan naszego wspólnego biznesu. Dwa tygodnie później założyłyśmy spółkę. Tego wieczora od organizatorki spotkania, Kasi, otrzymałam książkę z wymowną dedykacją: „Bój się i rób".

DWIE NIEZNAJOME KOBIETY – JEDEN WIECZÓR – IMONA

Na pierwszym spotkaniu z Aldonką, specjalistką nie tylko od budowy stron internetowych, opracowałyśmy logo firmy, wizytówki i hasło reklamowe. Poprzedniego wieczora byłyśmy na tańcach Pięciu

Rytmów, a po pysznej kolacji we włoskiej „Semolino" w Hali Koszyki i nocy w jednym łóżku – ha ha – zjadłyśmy wspólnie śniadanie i zabrałyśmy się do pracy. Obie w piżamach rozsiadłyśmy się na wygodnej sofie w salonie. Pełen luz, otwarte umysły, moje serce w zakochaniu i jak to mówi Klaudia Pingot: „Płyniemy".

Fulvio, pomimo weekendu, kontaktuje się ze mną. Nagrywa krótką wiadomość o tym, jaki jest samotny i jak za mną tęskni. Zrobiło mi się go nawet trochę żal, bo siedział sam w domu, w tonącej w strugach deszczu Bolonii, bez szans na przejażdżkę motorem czy spacer.

Po chwili kolejna wiadomość:

Słodka. Jak się czujesz? U nas nadal pada, więc to nie będzie miły dzień, ale jestem szczęśliwy, bo to jest jeden dzień mniej do twojego przyjazdu do mnie. Mój skarbie.

Jak cudnie jest być zakochaną i jak cudnie jest spełniać swoje marzenia!

* * *

Tak, od niedawna marzę! Zawsze się tego bałam, bo nie chciałam konfrontacji z porażką. Wolałam też nie rozbudzać w sobie zbyt wielu potrzeb, aby nie czuć rozczarowania, gdy nie zostaną zaspokojone. Jednak uczestnictwo w porannych spotkaniach klubu „555", do których namówiła mnie moja przyjaciółka Dorotka, dodało mi odwagi w kreowaniu swojej przyszłości. Wyjęłam więc z kosmetyczki czerwoną pomadkę i zaczęłam tworzyć swoją mapę marzeń. Gdy tylko przychodzi mi do głowy jakiś pomysł, zapisuję go na łazienkowym lustrze. I właśnie dzisiaj nadszedł dzień, w którym spełnię swoje marzenie numer jedenaście.

„Co to takiego?" – zapytasz.

Może nie uwierzysz, ale skaczę dzisiaj w duecie ze spadochronem.

Też bym w to nie uwierzyła, ale właśnie trzymam w ręku wydrukowane zaproszenie i jestem już z moim synem na lotnisku w Chrcynno. Kolej na mój skok. Ubrana w odpowiedni skafander i upięta w szelki, siadam na ławce oczekujących. Podeszła do mnie dziewczyna cudnej urody. Miała piękne rude loki, drgające jak sprężynki na wietrze, słodkie piegi i świetlisty uśmiech.

– Hej, jestem Wiewióra. Będę nagrywała twój skok. Co to za okazja, że skaczesz? – pyta.

– To jest skok na moje pięćdziesiąte urodziny – odpowiadam z uśmiechem.

– Ooo, nie powiedziałabym – komentuje Wiewióra.

– Tak, na pięćdziesiąte urodziny, ale w wieku pięćdziesięciu czterech lat. – Uśmiechnęłam się i zamknęłam oczy, aby po chwili razem z Wiewiórą wybuchnąć spontanicznym śmiechem. – Miałam to zrobić cztery lata temu – kontynuuję.

– I co się stało? – pyta z ciekawością moja fotografka.

– Pewna osoba mnie przestraszyła i nie skoczyłam, ale teraz, gdy się z tą osobą rozstałam, postanowiłam, że pierwsze, co zrobię, to sobie właśnie skoczę! Ha, ha, ha – rechoczemy obie.

Wiewióra wyciąga w moim kierunku rękę i zachęca do przybicia piątki. Robię to z wielką przyjemnością.

– Doskonale! Super! Zobaczysz, będzie ekstra! – zachęca mnie, a ja w podziękowaniu podnoszę do góry kciuk.

Krótkie przejście po zielonej murawie lotniska do małego samolotu. Ja, uśmiechnięta blondynka z zaplecionymi starannie kucykami, a po obu stronach moi partnerzy: radosna i tak samo pozytywnie nakręcona jak ja Wiewióra i bardzo sympatyczny i wesoły Marcin, mój asystent w czasie skoku.

Wznosimy się powoli na cztery tysiące metrów. W samolocie oprócz mnie są jeszcze cztery pary skoczków i dwóch pasjonatów ekstremalnych lotów swobodnych. Przed skokiem pozdrawiamy się wszyscy, dotykając swoich dłoni w charakterystyczny dla klubu SkyDive sposób.

Siadamy na skraju samolotu. Ja i Marcin, do którego jestem przypięta pasami. Czuję się tak bezpiecznie. Przede mną niczym nieograniczona przestrzeń. Nie czuję lęku, chociaż całe życie panicznie bałam się otwartych przestrzeni. Wiewióra, stojąc na skraju ściany samolotu, pozdrawia mnie uśmiechem. Marcin odchyla nas do tyłu po to, aby z całym impetem rzucić się bezwładnie w dół.

Spadamy!!!

Czuję się jak na rollercoasterze. Bezwładnie, bez kontroli, ale wyjątkowo – w pełnym zaufaniu. Był to moment, w którym chyba po raz pierwszy w życiu nic nie miało dla mnie znaczenia. Byłam tylko spadająca ja.

Potem najdłuższe pięćdziesiąt sekund mojego życia, czyli swobodne spadanie. Słyszę ogromny hałas, czuję radość, widząc przed sobą Wiewiórę, która nie tylko mnie filmuje, ale cieszy się razem ze mną. Marcin postanawia trochę mnie zakręcić. Wykonujemy kilka obrotów wokół własnej osi. Mój błędnik wariuje. Na chwilę tracę orientację. Marcin daje znać, że czas otwierać spadochron. Przybijam piątkę Wiewiórze i…

Cisza!!!

Mogłabym tu zostać już do końca życia i jeden dzień dłużej – myślę. Pierwszy raz w życiu mam okazję poczuć, co oznacza „głucha cisza". Głucha cisza to nie tylko brak dochodzących do ciebie dźwięków. Gdy ją poczułam, byłam jakby poza ciałem – cisza w uszach, cisza w głowie i spokój w sercu.

W tym błogim stanie wylądowaliśmy na murawie lotniska. Nie wiedziałam, co powiedzieć. Cały czas byłam jeszcze tam w górze – wśród chmur, ptaków i wszechogarniającej nicości. Wiewióra podbiegła do mnie i zrobiła kilka zdjęć.

– To była najlepsza rzecz, jaką dotychczas zrobiłam w życiu – powiedziałam do kamery i wydałam z siebie spontaniczny okrzyk „Łuuuuuu!".

Potem rzuciłam się Marcinowi na szyję i byłam taka szczęśliwa. Wracając do domu, lewitowałam. Nie czułam ciała i trudno mi było poczuć fotel kierowcy, na którym siedziałam.

Co dzisiaj zrobiłam? Dzisiaj użyłam odwagi, aby spełnić jedno ze swoich pierwszych marzeń.

Fulvio był pod wrażeniem mojego wyczynu. Bardzo się cieszył. Przynajmniej do momentu, kiedy przesłałam mu zdjęcia w uścisku z Marcinem.

> Ręce precz od mojej ukochanej!

Typowy pies ogrodnika, jak ludzie mawiają: „Sam nie weźmie, a drugiemu nie da". Ha, ha.

Wieczorem wysłał mi cudowne filmy ze swoich podróży motocyklem i z podwodnych wypraw do zatopionych wraków.

Jestem pod wrażeniem, jak wspólne pasje łączą ludzi. To wielki dar dla życia. Jak niewiele trzeba, aby mieć szczęśliwy czas. Oglądając film z Campo Imperatore, byłam poruszona. Fulvio zrobił piękne fotografie i dodał ujmującą muzykę. Z ogromną przyjemnością patrzyłam na zapierające dech w piersiach krajobrazy i twarze szczęśliwych ludzi, które udało mu się zatrzymać w kadrze. Warto żyć dla takich chwil.

> Będzie dla mnie ogromną przyjemnością spędzić
> czas z tobą, twoimi przyjaciółmi i zobaczyć
> te wszystkie piękne miejsca.

* * *

Firma IMONA powstała, a z nią pojawiły się kolejne potrzeby. Między innymi sesja fotograficzna do strony internetowej.

– To będzie czad! – powiedziała Julita, specjalistka od fotografii. – Już czuję wasze energie. To będzie piękna sesja i piękna strona.

Każda z nas przyjechała na sesję z walizką ciuchów. Kolory naszej firmy to pudrowy róż, granat i biel.

„Skąd pudrowy róż?" – zapytasz.

Gdy po rozstaniu z eks zamieszkałam sama, zabrałam się za remont. Robiłam porządki w swojej głowie, ale po pewnym czasie miałam także potrzebę uporządkowania domowej przestrzeni. To tak, jakbym z przedmiotami i kolorami pozbywała się starej energii. Przemalowałam na biało dotychczas kremowozielone ściany, kupiłam piękne białe narzuty, przywiozłam z rodzinnego domu własnoręcznie szydełkowane, koronkowe obrusy i serwetki. Wymieniłam trochę mebli i… Brakowało mi czegoś jeszcze. Weszłam na stronę popularnego sklepu i zobaczyłam cudny pudroworóżowy kocyk. Zakochałam się. Jeszcze tego wieczoru złożyłam zamówienie na kocyk, poduszkę i lampki nocne w kolorze… oczywiście – pudrowy róż.

Najpierw makijaż i poprawka fryzury – sesja fotograficzna rządzi się własnymi zasadami. Staję przed kamerą. Niby nic wielkiego, ot, kilka fotek na pamiątkę, myślisz, do momentu, gdy zdajesz sobie sprawę z tego, że twoje zdjęcia pójdą w „świat".

Wycofam się czy przełamię swoje ograniczenia i pójdę za tym, co mnie wzywa?

Gdy stajesz twarzą w twarz z kamerą, którą trzyma Julita, nie udajesz. Ona porusza w tobie wszystkie, nawet najgłębiej skrywane emocje. Od razu wyczuwa twoją energię. Uśmiecha się do ciebie i wprowadza cię w bajkowy świat marzeń.

– Teraz, Iwonko, spójrz na mnie i pomyśl o Fulvio – mówi. – Przypomnij sobie wasze pierwsze spotkanie, wasz pierwszy spacer i pocałunek.

W takiej atmosferze mogłabym pracować całą dobę.

Gdy patrzysz na swoje zdjęcia, widzisz to, czego inni nie dostrzegają, a ich publikacja to dopiero prawdziwa terapia z niedoskonałości. To nie jest łatwe, bo czujesz się, jakbyś była naga i bezbronna. Jak zawsze w takich przypadkach odwaga bardzo się przydaje. A największym aktem odwagi, zdaniem Jacka Walkiewicza, jest bycie bohaterem swojego życia.

Ja ujęłabym to jeszcze głębiej: „Największym aktem odwagi jest zostać autorką swojego życia".

* * *

Dzisiaj przypomniałam sobie rozmowę z Julią. Podczas jednej z sierpniowych sesji powiedziałam jej, że życie jest cudowne, a najcudowniejsze jest to, że każdego dnia jestem ciekawa, gdzie będę jutro. Powiedziałam także, że jestem bardzo ciekawa tego, gdzie będę w grudniu.

To moja duża zmiana.

Dotychczas w przyszłość spoglądałam ze strachem i niepewnością. Wolałam nie wiedzieć, co mnie czeka, bo nie spodziewałam się niczego dobrego. Dzisiaj, po dziewięciu miesiącach terapii i życia w energii zakochania, jestem ciekawa, kogo jeszcze wszechświat postawi na mojej drodze, jakie ma na mnie plany i co mi jeszcze przyniesie życie.

Gdy wypowiadałam te słowa w sierpniu, nie wiedziałam jeszcze, że będę pisała książkę. Właśnie rozpoczął się grudzień, a ja, pochłonięta pisaniem, omawiam ze swoim menedżerem Michałem proces jej wydania. Właśnie zdałam sobie sprawę, że już od bardzo dawna nie zaplanowałam żadnej z rzeczy (z wyjątkiem kupna biletów do Włoch i skoku ze spadochronem), które się wydarzyły. Czuję się tak, jakby uczestnictwo w moim życiu było dla mnie wielkim prezentem od losu.

Dzisiaj jestem ciekawa, dokąd mnie poniesie życie i gdzie będę wiosną przyszłego roku.

Jak dalece odważę się popłynąć i pozwolić sobie na przebudzenie?

Lekcja, którą odebrałam: **Nie ma nic ważniejszego od budowania siebie.**

Lekcja, którą Ty odebrałaś:

. . . .

. . . .

. . . .

. . . .

. . . .

. . . .

. . . .

. . . .

. . . .

. . . .

. . . .

ROZPUSTNICA

– Dlaczego dozujesz to, co czujesz do Fulvio? – pyta moja terapeutka Julia.

– Bo nie chcę, żeby mu się to znudziło – odpowiadam i słyszę śmiech Julii. – Mam pewien problem, bo włączają mi się mama Halinka i ciocia Marysia i mówią mi: „rozpustnica" – tłumaczę.

– No właśnie! A jeśli się okaże, że to właśnie przyszedł mężczyzna na tę rozpustę? My nigdy nie wiemy, na co się spotykamy z mężczyznami! – wyjaśnia.

– To przykazania, które otrzymałam od kobiet z mojego rodu:
„Pamiętaj, mężczyźnie nie można pokazać, że ci na nim zależy!"
„Nie możesz latać za facetem, bo nie będzie cię szanował!"
„Jak dasz mu wszystko, czego on chce, to się tobą znudzi!"
„Gdy pokażesz mu za dużo, nazwie cię kurwą!"

Nigdy nie zastanawiałam się nad tym, skąd się wzięły te mądrości. Od kogo je usłyszały lub kiedy nabrały takich przekonań? Wiem jedno. Rozpalił się we mnie ogień kobiecości i seksualności, a jedynym mężczyzną, z którym ten ogień rezonuje, jest Fulvio.

* * *

Kolejny ranek na fali uniesienia i sięgam do szuflady z pończochami. Robię im zdjęcie, gdy leżą swobodnie na moim łóżku, i wysyłam z podpisem „DZISIAJ JEST DZIEŃ POŃCZOCH".

Oczywiście mój włoski kochanek reaguje natychmiast.

Kochana wiesz, że kocham pończochy, więc nie
zapomnij proszę zabrać ich ze sobą. I jeszcze jedno.
Lubię je, ale jest naprawdę, naprawdę lepiej, kiedy
leżą one na Tobie, a nie na łóżku.

Uwielbiam to jego poczucie humoru. Uśmiechnęłam się emotikonką i poszłam do pracy.

Na trzy tygodnie przed moim wylotem do Bolonii otrzymałam kolejną wiadomość:

Kochana czekam na ciebie.

Tak mój kochany to tylko i aż trzy tygodnie.

Tego dnia Sycylijczyk wysłał mi jeszcze swoje zdjęcie na motorze, a ja w odpowiedzi przesłałam mu naszą fotkę z lotniska z podpisem: „słodkie wspomnienia". Przed moją wizytą mój cud-chłopak zrobił się bardziej aktywny. Częściej i dłużej pisał, nagrywał słodkie wiadomości tak, jakby nie był do końca pewien, czy przylecę. To również bardzo mnie ożywiło. Znowu poczułam się kochana, a do mojej głowy napływały kolejne seksi pomysły.

W sobotę, w energii westchnień i fruwających wokół motyli, przygotowałam sobie kąpiel. Włączyłam nastrojową muzykę z naszego ulubionego radia, zapaliłam miniaturowe światełka wokół wanny i zrobiłam kilka cudnych, bardzo romantycznych i wymownych fotek. Otoczona gęstą pianą, w półmroku świateł wyglądałam i czułam się bardzo zmysłowo i seksownie. Wysłałam mu kilka zdjęć z podpisem: „To miejsce czeka na ciebie, kochany". Uwielbiam te wieczory, gdy otulona miłością i w pełnym zaufaniu myślę tylko o tym, jak cudowne jest moje życie. Jestem wówczas wdzięczna za każdy dzień, każdą minutę mojego nowego ja.

Nie miałam pojęcia, że kiedykolwiek będę taka szczęśliwa i spokojna o swoją przyszłość jak teraz, gdy tyle się dzieje. Zawsze wolałam stabilne życie – wygodny stary fotel z wcinającą się w tyłek sprężyną niż nowe, rozkładane krzesło, wymagające ode mnie zmiany przyzwyczajeń i rezygnacji ze starych nawyków. Na słowo „zmiana" reagowałam paniką i agresją. Wystawiałam pazury i ruszałam do ataku w obronie starego ładu. W myśl zasady: stary wróg, ale znany jest zawsze lepszy od nowego. To właśnie ten strach trzymał mnie tyle lat w dawnej relacji.

Cudowne jest to, jak szybko – dzięki terapii i ludziom, których poznałam – przeszłam swoją transformację. Ani się obejrzałam, a w moim „nowym" życiu odrzuciłam większość zabobonów i starych przekonań.

Przepraszam was babcie i mamo, ale nie będę już dłużej męczennicą oczekującą na życie wieczne. Nie zgadzam się na dobrowolne cierpienie i poświęcenie w imię dostąpienia bram raju.

Raj jest dla wszystkich!

Stwórca kocha nas wszystkich. Nie chce od nas poświęcenia!

Mamo, babciu, kochane moje cioteczki i wujkowie. Członkowie mojego rodu, wybaczcie, ale nie urodziłam się po to, aby być świętą!

Nie zgadzam się z ograniczeniami, jakie nakłada na nas płeć.

Nie zgadzam się z tym, że kobiecie wypada mniej niż mężczyźnie.

Nie zgadzam się na to, aby w XXI wieku tkwić nadal w zabobonach przeszłości.

Kto i po co stworzył te wszystkie ograniczające nas zasady, które wpajano nam od dzieciństwa? Mam wrażenie, że ludzie stworzyli je z zawiści i zazdrości o to, aby ktoś nie miał od nich lepiej. Tutaj świetnie wpisują się słowa mojej babci, która często w przypływie rezygnacji i żalu z utraconego życia mówiła:

„Ja się męczyłam, to ona niech też się męczy"... Jakie to smutne, prawda?

Ja nie tylko nie muszę być święta, nie muszę także zachowywać się, jak na kobietę przystało. Chcę być postrzegana jako człowiek – istota przede wszystkim czująca, a dopiero potem myśląca.

Wracając z pracy i jak co dzień przystając na chwilę w moim parku, napisałam do Fulvio:

> Jestem w parku i chcę ci powiedzieć, że bardzo za tobą tęsknię. Twoje słodkie pocałunki, dotyk twoich silnych ramion, twoja opiekuńczość i ekstaza, jaką czułam, gdy nasze ciała były tak blisko. Nigdy wcześniej nie było mi tak cudownie przy żadnym mężczyźnie. Kiedy patrzyłam głęboko w twoje oczy, a nasze ciała były tak mocno splątane, czułam, że żyję. Tęsknię za rozmowami z tobą, twoją błyskotliwością, poczuciem humoru i delikatnością. Rozpaliłeś we mnie ogień. Chcę, żebyś wiedział, że gdy byliśmy razem, czułam się cudownie. Jesteś dla mnie ważny.

Czuję to samo słodka i bardzo za Toba tęsknię.

Jak widać, obłok zakochania dotarł i do włoskiej Bolonii. Nie dziwię się. Zakochanie jest jedną z najsilniejszych energii i jeżeli tylko pozwolimy, aby nas ogarnęła, zrobi to natychmiast i z wielką przyjemnością.

Cudownie byłoby, gdybyśmy wszyscy mogli się jej poddać. Jak piękne i ciekawe byłoby nasze życie, gdybyśmy mogli patrzeć na drugiego człowieka z czułością i szacunkiem dla jego niedoskonałości.

Gdy obłok zakochania dotarł do Bolonii, w Warszawie rozpętała się prawdziwa miłosna burza. Całą noc śniłam o Włochu i pierwszą rzeczą, jaką zrobiłam, gdy tylko się przebudziłam, było wysłanie wiadomości:

> Spędziłam tą noc z tobą kochany. 

Dzień dobry słodka. Pragnę cię.

> Ja ciebie też.

Mmmmmmmm. Proszę prześlij mi jakieś gorące zdjęcie.

Ja w Warszawie, on w Bolonii. Tak daleko od siebie, a chwilami tak blisko. Gdy w sercu tkwi strzała amora, a duszę rozpala miłosny ogień, nic nie jest w stanie powstrzymać eksplozji.

Odsłoniłam dekolt i brzuch, a ukradkiem zza połączonych jakby w uścisku ud, przemyca się kawałek koronkowej bielizny.

Masz piękne ciało i rozpalasz mnie kochana. Marzę o tym, żeby być z Tobą.

Biegnę do sypialni, kładę się na łóżku. Jestem rozpromieniona i eteryczna. Światło poranka cudnie otula moje ciało. Moje oczy nie kłamią, lekko przymrużone wołają: „chodź do mnie, chodź do mnie", a rozchylone usta krzyczą: „pragnę cię!". Moje, pamietające jeszcze słońce południowych Włoch, ciało czeka na moment rozkoszy.

Słońce gra cudnie na unoszących się i opadających miarowo żebrach. Ich ruch wyraźnie współgra z przeżywanymi przeze mnie emocjami. Małe piersi, jak sycylijskie pomarańcze, czekają w gotowości na kochanka.

Pragnę cię, pragnę poczuć twoje ciało na moim ciele, pragnę twojego smaku. Nigdy nie mam dosyć – Płynie muzyka z Bolonii.

Zaczynamy taniec kochanków.

Nasza kolejna seks randka jest pełna czułych słów, delikatnych dotyków i szacunku dla wspólnej intymności. Cieszymy się tym, co możemy odczuwać w oczekiwaniu na dzień, w którym znowu się spotkamy. Po akcie uniesienia żegnamy się czule, życząc sobie nawzajem cudownego dnia.

***

Piątkowy wieczór. Siedzę, na sofie w salonie, całkowicie skąpana w zakochaniu. Setki motyli fruwają pomiędzy moją klatką piersiową i gardłem, tak jakby brały udział w maratonie. Ich wyścig z minuty na minutę przybiera na sile. Nie mogę się powstrzymać.

Piszę:

Kilka słodkich całusów?

Odpowiedź przychodzi natychmiast, jakby tylko na to czekał.

Wszędzie gdzie chcesz, słodka.

> Pierwszy w moje usta.

Potem?

> W mój kark bardzo długi i namiętny, proszę.

Oczywiście kochana.

> Ale to mi nie wystarczy. Zadbaj także o moje piersi.

Ohhh, tak…

Powiedz mi… Może teraz twoje plecy i nogi?

Siedzę na sofie w swojej wieczorowej sukience. Dlaczego? Zostałam zaproszona na przyjęcie i robię przymiarkę sukienki, która czekała w szafie siedem lat. Niezmiennie w energii kobiecej seksualności wysyłam zdjęcie swoich nagich nóg otulonych jedynie zwiewnym szyfonem. Na stopach delikatne, atłasowe szpilki, których czerń doskonale komponuje się z żywoczerwonym kolorem moich paznokci.

Jesteś taka seksowna w tej pięknej sukience. Wow.
Na jaką okazję ją ubierzesz?

> Pójdę w niej na przyjęcie.

Będziesz tam najpiękniejszą kobietą.

Nie zapomnij, że jesteś ze mną.

> Tak, ale dla mnie to nie ma znaczenia,
> kiedy jestem bez ciebie.

Chwila milczenia i przez tysiąc dwieście kilometrów dzielące Warszawę i Bolonię mknie pytanie:

COOOO?

Ot, taki mały psikus WhatsAppa, gdy odpowiedź trafia do adresata nie w tym momencie, w którym powinna, i idealnie komponuje się z kolejnym pytaniem.

Nieprawdopodobne jest to, co się dzieje, gdy oddasz się bez reszty energii zakochania. Otrzymujesz swego rodzaju aurę, która działa na wszystkich wokół. Nagle obcy mężczyźni uśmiechają się do ciebie, otwierają przed tobą drzwi, puszczają ci oczka i ślą całusy jak ten przystojny blondyn z białego mercedesa.

Tak to działa.

Idę do biura. W szpilkach po brukowanym chodniku. Do głowy przychodzi mi tekst piosenki „To jest męski świat" Jamesa Browna. No tak, bo gdyby był kobiecy, to na pewno nie byłoby brukowanych chodników. Ha, ha.

Jak tu chodzić w szpilkach? – myślę. Wybieram więc ulicę. Kierowcy mijają mnie z niekrytym zdziwieniem i z wypisanym na twarzy pytaniem.

Co ty robisz, kobieto?!

Gdzie idziesz, blondynko?!

Niektórzy omijają mnie spokojnie, inni trąbią. Nagle jedno auto zatrzymuje się. Przystojny blondyn opuszcza szybę swojego białego mercedesa, uśmiecha się do mnie i tłumaczy, że ulica jest dla samochodów, a nie dla pieszych. Ja, z takim samym radosnym uśmiechem, odpowiadam:

– Dzień dobry. Bardzo mi miło pana poznać. Tak, wiem o tym, ale czy kiedykolwiek próbował pan przejść brukowanym chodnikiem w dziesięciocentymetrowych szpilkach? Kto to wymyślił? Jestem przekonana, że to jakiś facet wymyślił bruk, ponieważ szpilki uważam za konieczne i niezbędne w każdej damskiej garderobie. To nie te czasy, gdy chodziliśmy na boso lub w sandałach, opasani jedynie kawałkiem płótna.

Podnoszę lekko nogę i pokazuję mu moje atłasowe czarne kozaki.

– No przyznam szczerze, że podziwiam panią.

– Dziękuję bardzo. Staram się, jak mogę, aby moje życie było piękne.

Spojrzał na mnie zalotnie i pięknie się uśmiechnął.

– Cudnego dnia i może jeszcze kiedyś będziemy mieli okazję się spotkać – mówi z niekłamaną nadzieją w głosie.

Tego samego poranka spotkałam w barze przystojnego bruneta. Od pewnego czasu nie nadążam. Kładę się bardzo późno, bo piszę książkę i rozkręcam biznes. Odkąd odnowiłam kontakty ze znajomymi, dzwoni do mnie tyle osób i każda ma mi coś ciekawego do powiedzenia. Wysłuchuję też zwierzeń innych kobiet, które zachęcone moją przemianą pytają o moją historię. Wstaję więc dużo później niż jeszcze sześć miesięcy temu. W takie dni, gdy wstaję pięć minut przed planowym wyjściem do biura, narzucam coś na siebie (to coś, to nie do końca takie coś; dzisiaj to pończochy, wełniana kremowa sukienka i czarne szpilki) i… lecę, a właściwie to frunę. A może i jednak lecę, bo my, czarownice, latamy. Hi, hi.

Wchodzę do baru, witam się jak zwykle ze wszystkimi pracownikami i gośćmi wyraźnym „dzień dobry" i zamawiam swoją ulubioną sałatkę. Płacę, uśmiecham się i wychodzę. Jednak nie wiem dlaczego, coś zatrzymuje mnie za wyjściem. Przystaję na chwilę, spoglądam w lewo, a w barze siedzi pijący poranną kawę przystojny brunet. Uśmiecha się do mnie, śle mi słodkiego całusa, a ja w podziękowaniu mówię:

– Ja tobie też!

Uśmiechamy się i prawie tanecznym krokiem odchodzę. Po kilkuset metrach przystaję i pytam sama siebie: *Wracamy do baru?*

Nie zawróciłam, ale jestem ciekawa, co by było, gdybym to zrobiła.

Często wracając z pracy, przechodzę przez swój ulubiony park. Dzisiaj przyciągnęły mnie tutaj cudowne kolory jesieni. Położyłam się na jednym z rozwieszonych między drzewami hamaków. Jest tak pięknie i ciepło.

Co mi tam – pomyślałam – *zrelaksuję się.*

Leżąc na plecach, wzięłam głęboki oddech, tak jakbym chciała poczuć prawdziwy zapach jesieni. Zamknęłam oczy. Delikatne kołysanie hamaka i szum drzew wprowadziły mnie w lekki trans. Nie myślałam o niczym, tylko leżałam, podziwiałam błękit nieba i poddawałam się muzyce liści szeleszczących na wietrze.

Tylko ja i ja.

Zrobiło się tak błogo, że zaczęłam tęsknić. Wyjęłam z kieszeni telefon i nagrałam krótki filmik. Jestem zdziwiona, jak pięknie wyglądam. Pełna miłości twarz i rumiane policzki. Jestem jak anielica, która właśnie zstąpiła z raju zwanego miłością. Moje oczy błyszczą zalotnie, a moje nabierające kolorów usta przybrały piękny kształt. Sama mogłabym się w sobie zakochać i chyba czas najwyższy, aby to zrobić. Hi, hi.

Kilka dni przed moją podróżą do Włoch Fulvio wysłał mi swoje zdjęcie. Miałam wrażenie, że zrobił to po to, abym upewniła się, czy chcę do niego przylecieć. Nie miałam żadnych wątpliwości, gdy na korcie do tenisa, pośród około dwudziestu wysportowanych, przystojnych i szczęśliwych Włochów mój wzrok przyciągnął tylko on. Niby niepozorny brunet, któremu sporo brakuje do ciała herosa, ale którego uśmiech i wyraz twarzy jest jedyny. Gdy spojrzałam na niego, nie miałam żadnych wątpliwości.

Odpisałam:

> Tak, jestem pewna, że jesteś jedyny. 

I nastał ten długo oczekiwany dzień. Wylot do Włoch? Nie, nie – to jeszcze nie ten moment. Dzisiaj wielki dzień, bo urodziny obchodzi mój cud-mężczyzna.

Od tygodni planowałam specjalny prezent urodzinowy. To będzie na pewno film. W roli głównej pończochy i szpilki, które tak bardzo lubię i za którymi on szaleje.

Jak to zrobiłam? – pytasz.

Ubrałam koronkową bieliznę, pończochy z pasem i oczywiście szpilki. Położyłam się na łóżku… i co dalej?

Nie to nie może być tak oczywiste!

Wyjęłam z szuflady kartkę z życzeniami urodzinowymi, którą już wcześniej wypisałam, i położyłam ją na swoich oplecionych koronką pończoch udach. Zrobiłam kilka zdjęć, nagrałam krótki filmik.

Nie, to jeszcze nie to! – pomyślałam. *Czegoś tu brakuje… Już wiem, potrzebuję muzyki.*

Otworzyłam laptop i przeszukując Internet, znalazłam instrumentalną wersję „Sto lat" wykonaną przez pianistę.

To jest to!

Zerknęłam na zegarek. Niestety było już po północy, a to na północ właśnie zaplanowałam premierę mojego filmu.

Włączam muzykę. Pianista usiadł i dotknął klawiszy. Najpierw energicznie, a następnie z uwagą i czułością. Instrument tylko na to czekał i natychmiast zareagował, wydając dźwięk. Ta dobrana para stworzyła coś inspirującego, wzruszającego i kojącego – muzykę.

Pierwszy kadr skierowałam na piękną, błękitno-srebrną urodzinową kartkę i na wygrawerowane słowa „Happy Birthday". Następnie kamera pokazała moje szczupłe stopy w atłasowych szpilkach i jedną uroczą kokardkę moich pończoch. Przesunęłam się w górę i już po chwili na ekranie ukazały się moje szczupłe i napięte łydki ubrane w eleganckie, czarne pończochy wykończone na szwie miniaturowymi kokardkami. Chwilę później oko kamery dociera do połączonych ud, opasanych pięknie tkaną koronką, trzymaną przez żabki. Teraz kolej na koronkową bieliznę, nad którą widać delikatny dołek pępka, a nad nim okalający talię pas do pończoch.

Pianista kończy spektakl i nagranie również się kończy.

O 7:00 rano do Warszawy dociera głośne:

WOOOOOOW!, a za nim: Dziękuję, dziękuję, dziękuję. Dziękuję bardzo.

* * *

W czwartkowy poranek budzi mnie stado fruwających motyli w brzuchu. Jest ich tak wiele, że siła ich delikatnych skrzydeł prawie unosi moje ciało. Leżę w wygodnym łóżku, otulona w pięknej pościeli, która muska moje ciało. Dotykam delikatnie brzucha i dekoltu.

Tak, czuję to. Jestem rozbudzoną kobietą, która wie, czego chce.

Już nie wstydzę się o tym myśleć i mówić! Nie chcę już uprawiać seksu z mężczyzną. Chcę się z nim kochać.

Może zapytasz, jaka to różnica?

Kiedyś nie potrafiłabym ci na to odpowiedzieć, bo używałam tych zwrotów zamiennie, ale odkąd do swojej sypialni zaprosił mnie Włoch, widzę i czuję różnicę.

Pragnę, aby moje zbliżenia z mężczyzną były pełne namiętności i uważności. Nie chcę wyścigu za osiągnięciem orgazmu. Chcę odczuwać!

Dla mnie kochać się z mężczyzną oznacza być z nim jednością w akcie uniesienia. Czuć jego ciało jak swoje. Zatapiać się wzajemnie i zatracać się w pieszczotach. Wspólnie obserwować siebie i otwierać się na doznania. To całkowite zaufanie i wzajemne oddanie. To głębokie spojrzenia w oczy, w których widzisz siebie skąpaną w miłości. To delikatne muśnięcia ciała, poddawanie się rytmowi oddechu i reagowanie na ciepło i dreszcze ekstazy. A najcudowniejsze jest w tym to, że te wszystkie doznania możesz odczuwać, jedynie leżąc ciało do ciała przy swoim mężczyźnie.

Nie chcę się spieszyć.

Chcę uwagi.

Chcę tańca kochanków, którzy w trakcie zbliżenia nie planują i nie myślą.

Chcę tańca kochanków, którzy poddają się pełnemu odczuwaniu. Napisałam:

> Kochany. Tęsknię za Tobą. Czekanie staje się nieznośne. To tylko dwa dni do naszego spotkania, ale te dwa dni brzmią jak wieczność. Chcę żebyś mnie przytulił, spojrzał mi w oczy i powiedział do mnie to słodkie „Hi sweety".

Mam nadzieję, że mój czarujący Sycylijczyk tylko na mnie tak działa. Jeżeli nie, to jestem w tarapatach.

Lekcja, którą odebrałam: **Nie urodziłam się po to, aby być świętą!**

Lekcja, którą Ty odebrałaś:

POWRÓT DO RAJU

Jestem chora. Wokół grasuje COVID, a mnie bolą stawy. Już we wtorek czułam się nie najlepiej. Cały dzień bolała mnie głowa. Byłam pewna, że to tylko krótkotrwała migrena, ale w środę poczułam niepokojący ucisk między łopatkami. Taki ucisk może znaczyć tylko jedno – grypa.

No tego jeszcze brakuje!

Od dwóch miesięcy czekam na spotkanie z ukochanym, a teraz jakaś pieprzona grypa pokrzyżuje mi plany?

Nigdy w życiu!

Nie dam się!

Wzięłam *home work* i zabrałam się za leczenie. Duże dawki witaminy C, aspiryna i imbir. Mam nadzieję, że to wystarczy. Najważniejsze, że nie mam gorączki, bo w przeciwnym razie nie przejdę kontroli na lotnisku.

Od momentu zmiany mojego samopoczucia ucichłam. Nie wiem, czym jest to spowodowane. Nabrałam jakiegoś dziwnego dystansu. Moje ruchy są lekko spowolnione, zniknął też natłok myśli.

Ciekawe.

W czwartek na moim terapeutycznym meetingu z Julią dowiedziałam się jednego: straszenie się, budowanie czarnych scenariuszy i katastroficznych prognoz to objaw braku zaufania do życia. Coś w tym z pewnością jest.

Jak zaufać życiu? Jak odpuścić kontrolę? Jak rzucić się na falę i pozwolić jej się unieść, dokąd chce? Jak budzić się każdego ranka z ciekawością, co nam przyniesie, a nie z lękiem o to, co się stanie? Nie jest to łatwe, szczególnie gdy wzrastałaś w domu pełnym kontroli.

Dzisiaj już wiem, że moi rodzice żyli tak, jak potrafili najlepiej. W myśl starego porzekadła: „Z pustego to i Salomon nie naleje", nie mogli mi ofiarować więcej, niż sami otrzymali. Już dawno się z nimi pojednałam i kocham ich nad życie, ale mój brak zaufania jest nadal żywy. Szczególnie, gdy mi na czymś bardzo zależy i boję się, że to utracę.

Napłynęła do mnie nostalgia.

Może obejrzę jakiś film? – pomyślałam.

Mój nauczyciel angielskiego, Bartek, zaproponował mi to dla trenowania wymowy i słownictwa. Szukam filmu, który mi polecił, ale jest tylko w polskiej wersji. Wpisuję więc automatycznie „film w języku angielskim z polskimi napisami" i wyświetla mi się jedyna pozycja: „Spotkanie" w reżyserii Davida A.R. White'a. Oglądam i…

Od marca tego roku nie wierzę już w zbiegi okoliczności. Fabuła opowiada o odbudowaniu zaufania do Stwórcy. Nie wszystko do mnie przemawia, ale kilka kwestii tak mnie porusza, że po napisach końcowych siedzę wbita w kanapę, ze łzami spływającymi po moich policzkach, z miłością w sercu i okrzykiem na ustach:

„Wszechświecie, prowadź mnie!"

„Chcę być najlepsza, jak tylko potrafię!"

„Ufam miłości – miłość zawsze się o siebie upomni".

Nagle, jak za dotknięciem czarodziejskiej różdżki, dzwoni mój ukochany. Jest zainteresowany tym, co robię, jak się czuję, i pyta mnie, czy jestem gotowa na spotkanie. Tęskni za mną i czeka na mnie.

* * *

Nareszcie!!! Dzisiaj mój wielki dzień! Spełniają się moje marzenia! Po dwóch miesiącach – wracam do raju! Oczekiwanie nie było łatwe i mam nadzieję, że zamiast to rozpamiętywać, będę potrafiła cieszyć się tym, co tu i teraz.

Za kilka godzin zobaczę Fulvio, będę mogła się do niego przytulić i poczuć tę bliskość, za którą tak tęsknię.

Rano krótka rozmowa telefoniczna i przesyłanie buziaków. Upewniamy się nawzajem, że chcemy tego spotkania i nie możemy się go doczekać.

O 12:00 wysyłam zdjęcie z lotniska i otrzymuję w zamian urocze:

Yeah!!!!!

Wsiadam do samolotu wraz z nowo poznanymi Magdą i Beatą. Zajmuję swoje miejsce i wysyłam zdjęcie, ukazujące skrzydło samolotu na tle błękitnego nieba pokrytego delikatnymi, puchowymi chmurkami. To nieprawdopodobne, jak zmienia się postrzeganie, gdy oglądasz świat z lotu ptaka. Tu po raz pierwszy możesz objąć wzrokiem majestatyczne łańcuchy górskie, wznieść się ponad pułap chmur i poczuć się nie jak władca, lecz jak okruch świata.

Odpowiedź na WhatsAppie:

Yeees. Bezpiecznej podróży honey.

Właśnie zdałam sobie sprawę z tego, że już za dwie godziny spełnią się moje marzenia. Dokładnie dwa miesiące temu stałam przed lotniskiem w Bolonii wtulona w ramiona Fulvio całującego mnie czule w usta, czoło i oczy.

Wtedy po raz pierwszy powiedziałam mu, że bardzo go lubię. Tak, dokładnie pamiętam każdy ułamek sekundy z tego spotkania.

Nigdy wcześniej nie poznałam mężczyzny, którego spojrzenie byłoby tak czyste i tak głębokie. Nie lubię porównań, więc powiem tylko, że w swoim życiu nie poznałam mężczyzny dającego tak soczyste pocałunki, wyzwalającego wokół siebie tak unoszącą mnie aurę, tak błyskotliwego i ciepłego.

Uwierz mi – to, co czuję, jest niemożliwe do opisania słowami, ale na pewno poczułabyś to, gdybyśmy miały okazję się spotkać.

Po gorących, pożegnalnych uściskach z Beatą i Magdą, w których spotkanie ze mną zasiało nadzieję na cuda i nową jakość życia, wysłałam krótkie:

> Już jestem.

To pewne, że każda z nas zapamięta tę rozmowę do końca życia. Jestem wypełniona wdzięcznością, za to, że mogłam pozytywnie natchnąć te dwie kobiety i dać im nadzieję. Z kolei ich zafascynowanie połączone z euforią dało mi siły i utwierdziło mnie w przekonaniu, że ścieżka, na którą weszłam, jest słuszna i gdy tylko mocniej rozwinę skrzydła – polecę.

Czekam na swego ukochanego. Pisze, że będzie za chwilę.

Już jest!

Wyszedł z samochodu, macha do mnie wesoło. Tak, to on! Te same, błyszczące, kochane oczy, ten sam promienny, anielski uśmiech.

Tak, jestem pewna, że jestem jego! Teraz, gdy wtulamy się w siebie, czuję to nadto wyraźnie. To nie jest tylko wytwór mojej wyobraźni. Podchodzę blisko, całuję go w usta i wtulam się w jego ramiona tak głęboko, jak tylko mogę, aby poczuć się otoczona puchem ciepła i miłości. Tak, to on! Mój ukochany! Znajomy zapach i bliskie mi ciało. Z zamkniętymi oczami odnalazłabym jego dłonie pośród setki innych dotykających mojego ciała i rozpoznałabym jego głos pośród miliona innych głosów unoszących się na wietrze. Tak, to wszystko jest takie moje. Jestem szczęśliwa.

Mój dżentelmen otwiera przede mną drzwi samochodu, wsiadam do auta i jedziemy. Kolejne naście łączących nas pocałunków. Tak dla sprawdzenia, czy to nadal działa, i przypomnienia ciału ciała. I zapada błogi spokój. Fulvio, lekko nim zaniepokojony, pyta:

– Dlaczego tak milczysz?

– Bo jestem szczęśliwa – odpowiadam.

Jestem energiczna i czasami postrzelona. Potrafię krzyczeć z radości i poddać się pełnej ekscytacji. Gadam wtedy jak najęta i gestykuluję jak typowa włoska kobieta. Pamiętam, jak moja córka uciszała mnie wielokrotnie słowami: „Mamo, to nie wypada, nie masz przecież osiemnastu lat”. A ja zawsze odpowiadałam jej tak samo: „Kochana, kiedyś trzeba przeżyć swoją młodość. Nie miałam na to szansy jako nastolatka, więc pozwól mi to zrobić teraz. Też mi się należy”.

Zdarzają się jednak sytuacje, gdy szczęście celebruję w ciszy. Ogarnia mnie wówczas błogi spokój i poczucie spełnienia. To taki stan jak ten, w którym się znalazłam po otwarciu czaszy spadochronu, podczas mojego pierwszego skoku.

– Czasami to w ciszy jestem szczęśliwa – wyjaśniam.

Porozumiewawczy uśmiech, przytulenie i jedziemy do domu. Do domku pod Bolonią, w cudnej, cichej (znowu ta cisza) okolicy. Gdzie zieleń jest uderzająco podobna do tej z parku przy moim domu, gdzie sikorki cały dzień krzątają się wśród gałęzi tui w poszukiwaniu posiłku. Gdzie psy leniwie odpoczywają na świeżo skoszonej trawie i jedynym wysiłkiem, jaki są w stanie z siebie wykrzesać, jest asekuracyjne strzyżenie uszami w poszukiwaniu niepokojącego dźwięku, który mógłby zwiastować zagrożenie ich drzemki.

Znajoma, skrzypiąca furtka, znajoma skrzynka na listy, powitanie sąsiadów, drzwi zapraszające do wejścia i…

Home, sweet home. Bliskie mi miejsce wypełnione tym samym zapachem włoskich perfum. Ta mieszanka słodkości landrynki, kwaskowości limonki i głębi… ta przestrzeń otula. Spokojnie wchodzę do sypialni, otwieram walizkę i…

– Co robisz? – pyta Fulvio.

– Mam coś dla ciebie, skarbie – odpowiadam, wyciągając dwie ramki ze swoimi zdjęciami i błękitno-srebrną kartkę urodzinową. – Przywiozłam twój prezent urodzinowy.

– Bardzo dziękuję. – Usłyszałam i otrzymałam słodkiego całusa.

– Masz ochotę się ze mną kochać? – zapytał nieśmiało.

– O, tak – odpowiedziałam i już byliśmy w namiętnym uścisku.

W tej chwili nie marzyłam o niczym więcej jak tylko o tym, aby poczuć jego nagie ciało przy mnie, nade mną i we mnie. Nie tracąc czasu na powolne rozbieranie naszej garderoby warstwa po warstwie, od razu zrzuciliśmy wszystko. Wskoczyliśmy do łóżka jak para nastolatków zbyt długo oczekująca na pierwszy seks. Pochylił się nade mną, pocałował czule moje usta, kark i dekolt. Uniosłam nogi tak, aby moje stopy dotykały materaca. W geście zaproszenia rozchyliłam uda, a on delikatnie wypełnił mnie i mocno przytulił. Chcieliśmy być jak najbliżej siebie. Fulvio jeszcze czulej zatopił się we mnie, a ja kładąc swoje łydki na jego ramionach, doznawałam prawdziwej rozkoszy. Jak dwa miesiące temu prosiłam tylko o jedno: „Chwilo, trwaj wiecznie".

– Chciałbym odebrać swój prezent urodzinowy.

– Proszę. Jestem cała dla ciebie – wyszeptałam.

Przesunął mnie z pleców na przód, rozchylił moje uda i namiętnie mnie penetrował. Potem podłożył swoje dłonie pod mój brzuch, uniósł mnie i ponownie zatopił się we mnie, powodując, że doznałam ekstazy.

Po chwili, siedząc na nim, otulając go swoimi nagimi udami i wpatrując się w jego oczy, kolejny już raz miałam możliwość odczuwania podniecenia połączonego z upojeniem. Zatopienie swego spojrzenia w jego czekoladowych oczach to jak podróż ekspresem do raju. Oczy kochanka szklą się jak dwa srebrne reflektory. Chwytam jego dłonie i unoszę wysoko za głowę. On na plecach, pode mną, ja nad nim. Kto jest kierowcą, a kto pasażerem? Jak zakończy się ta romantyczna podróż? Nie dbamy o to!

Nie wymyśliłam sobie Fulvio. Już to wiem. On po prostu taki jest. Taki, jakim go zapamiętałam. Pieścimy się namiętnie, poddając się naszym emocjom. Głodna pocałunków i dotyku chcę więcej i więcej.

Po południu krótkie zwiedzanie Bolonii. Przyjaciel Fulvio zabrał nas do Santuario Madonna di San Luca. Monumentalne sanktuarium, w którym przechowywany jest obraz Madonny, jest czymś na kształt polskiej Częstochowy. Pielgrzymi z całych Włoch odwiedzają to miejsce, a śmiałkowie, którzy chcą dotrzeć do bazyliki pieszo, muszą pokonać najdłuższy na świecie portyk (ma 3796 metrów). Uwielbiam starą, monumentalną architekturę, która niezmiennie wywołuje we mnie swego rodzaju *déjà vu*. Moja wrażliwość zabiera mnie w dawne czasy, gdzie pośród krzątających się w pośpiechu i zajętych swoimi codziennymi sprawami mieszkańców widzę umorusane i bawiące się beztrosko dzieci. Tak – nie ma nic piękniejszego niż beztroska dzieciństwa.

Po spacerze kolacja. „Gdzie?" – zapytasz.

Oczywiście we włoskiej pizzerii. Uwielbiam włoskie jedzenie, szczególnie we Włoszech. Oryginalne produkty, świeże warzywa i owoce, naturalna oliwa gwarantują włoskim potrawom lekkość połączoną z głębią smaku. Dwie pizze, jak dwa księżyce w pełni, pięknie błyszczą na talerzach, pokryte kołderką świeżej mozzarelli. Na niej, jakby rozrzucone nieśmiało, lekko słone, aromatyczne i wielkie jak polskie węgierki, brązowe oliwki. Obok nich zgrany duet tworzą soczyste i kruche liście świeżej bazylii i kawałki suszonych pomidorów. Tradycyjnie już częstujemy się swoimi pizzami. I rozmawiamy. Czuję się otulona.

Późnym wieczorem wracamy do sypialni, aby ponownie oddać się przyjemności ukochania, a wtulając się w siebie, zasnąć.

Wyjeżdżając do Bolonii, obiecałam sobie, że powiem Fulvio o tym, co czuję. Czyli jednak miałam jakiś plan. Ha, ha.

Chciałam rozpocząć rozmowę w niedzielę wieczorem, ale odpuściłam. „Dlaczego?" – zapytasz.

Niedziela była równie cudowna. O 7:00 obudził mnie mój prezent urodzinowy. Czułe pieszczoty. Najpierw delikatne muśnięcia po szyi, wywołujące falę dreszczy, wzbierającą u podstawy piersi, wznoszącą się na brodawkach i opadającą lekko na moim brzuchu.

– Wróćmy do karku – poprosiłam.

Podczas gdy jego usta smakowały mnie czule, jego dłoń udała się w cudowną podróż w kierunku mojego łona, aby zakończyć ją tam, gdzie najbardziej lubię – wewnątrz mnie. Kolejny raz poczułam, jak fala rozkoszy wzbiera delikatnie na moim brzuchu, aby po chwili ogarnąć całe moje ciało; począwszy od czubka głowy, a skończywszy na stopach. To uczucie mogę porównać do lewitacji, w której zamiast ciała czujesz jedynie mrowienie unoszące cię ponad łóżko.

Dłoń mojego mistrza przesuwa się powoli w kierunku moich bioder i ud i kończy swoją wyprawę, głaszcząc łydki i stopy. Słyszę zmysłowe:

– Wszystkiego najlepszego, kochanie. To jest twój dzień. Możesz robić ze mną, co zechcesz.

Porozumiewawczy uśmiech, głębokie spojrzenie w oczy i nie trzeba nam już nic więcej do szczęścia! Płyniemy!

Po typowym włoskim śniadaniu: ciastko i kawa, a w moim wypadku ciastko i woda z cytryną, bo kawy nie pijam – choć właśnie w takich momentach myślę, aby to zmienić i zacząć się delektować tym włoskim trunkiem, bo muszę przyznać, że jedzenie włoskiego cornetto bez kawy nie ma sensu – jedziemy na przejażdżkę motorem. Pogoda nie jest najlepsza, ale czego się nie robi dla poczucia wiatru we włosach i adrenaliny. Nie podejrzewałam, że w wieku pięćdziesięciu czterech lat zostanę pasjonatką jazdy na motorze. OK, lubię szybką jazdę samochodem i jak to mówią kierowcy: „mam ciężką nogę", ale motor to zupełnie inne wrażenia. W samochodzie siedzisz wygodnie. Wokół ciebie bezpieczna kabina, a z radia płynie ulubiona muzyka. Jedziesz szybko, ale to ciągle tak, jakbyś lizała cukierek przez foliowe opakowanie. Motor to podmuch wiatru, to odczuwanie prędkości każdą częścią swojego ciała. Motor nie wybacza braku współpracy. Jest jak wymagający, ale szczodry kochanek, który żąda uważności, ale w zamian daje niekłamaną satysfakcję. Siedzę wygodnie na miejscu pasażera, opierając stopy na podnóżkach. Ubrana w zbyt dużą, ale ciepłą kurtkę mojego partnera, kask i męskie rękawice, oplatam jego biodra swoimi udami (oj, oj) i przytulam piersi do jego pleców. Uwielbiam jeździć z Fulvio. Jest najlepszym kierowcą, z jakim miałam okazję podróżować. Osiągamy prędkość stu siedemdziesięciu kilometrów na godzinę, a jego BMW płynie.

TERCET KOCHANKÓW: MOTOR – FULVIO – JA

Mkniemy!
Lunch chcemy zjeść w regionalnej restauracji, ale aby do niej dotrzeć, musimy dostać się do zatłoczonej Bolonii. Wybieramy przejażdżkę do centrum szybką koleją Marconi Express. Mamy dwie opcje, aby dotrzeć do starego miasta. Pierwsza to długi spacer, druga to szalona podróż hulajnogą. OK, ale nie wyprzedzajmy faktów. Planowaliśmy wypożyczyć dwie hulajnogi, niestety – a może

i stety – system nie zadziałał i pozostała nam podróż w tandemie hulajnogą jednoosobową. Hi, hi, na czele kierowca Fulvio, a za nim, oplatająca go rękoma wokół pasa, Iwonka. Jedna stopa na platformie hulajnogi, a druga na błotniku. Ha, ha.

Jedziemy.

Stare miasto przywitało nas słoneczną pogodą i nieprawdopodobnie dużą liczba turystów. Tej przejażdżki nie zapomnę do końca życia.

Pierwszy raz na hulajnodze.

Pierwszy raz na jednoosobowej hulajnodze w duecie.

Czy to było jak powrót do czasów beztroskiego dzieciństwa? Może, choć ja nie wspominam swojego dzieciństwa jako beztroski. Nie był to dla mnie łatwy czas, ale na szczęście dziecięcą radość życia zachowałam do dzisiaj. Mknęliśmy z prędkością dwudziestu pięciu kilometrów na godzinę uliczkami starej Bolonii, starając się omijać turystów z ostrzegawczym „Pi, piii!" na ustach. Co tam jednokierunkowe ulice, co tam brak świateł mijania, co tam…

Zakochani i szczęśliwi.

DWÓJKA DZIECIAKÓW – JEDNOOSOBOWA HULAJNOGA – ZEPSUTY DZWONEK

Nasze energie idealnie ze sobą współgrały. Tak, Julia, miałaś rację – z nim zawsze będzie radość i zabawa.

Powrót do domku pod Bolonią. Czekamy na stacji. Wokół zebrała się spora liczba pasażerów, do których dołącza zapłakana szatynka o piwnych oczach. Ma ze sobą plecak i dziesięciokilogramową kabinówkę. Domyślam się, że jej stacją docelową będzie lotnisko. Spoglądam na nią, chciałabym zapytać, co się stało i dlaczego płacze, ale powstrzymuje mnie brak znajomości włoskiego. Wsiadamy do tego samego wagonu Marconi Express. Jest bardzo tłoczno. Na szczęście dla nas ta podróż to tylko jedna stacja. Wysiadamy, a za nami zapłakana szatynka. Schodzimy po schodach do zaparkowanego samochodu i słyszymy głośne:

– O nie! Gdzie ja jestem? Gdzie jest lotnisko?

Fulvio podchodzi do niej, tłumacząc, że wysiadła o jeden przystanek za wcześnie.

– O nie! Za dwadzieścia minut odlatuje mój samolot – szlocha.

– To nie będzie łatwe, ale wsiadaj. Zawieziemy cię na lotnisko – słyszę jasny komunikat od Fulvio.

Dziewczyna jest bardzo wdzięczna. Stajemy przed halą odlotów. Wysiada w pośpiechu z samochodu, dziękuje słonecznym uśmiechem i biegnie…

Po chwili ciszy mówię do Fulvio:

– To, co zrobiłeś, było wspaniałe. Dziękuję.

Wieczorem kolacja w domu. Uwielbiam patrzeć, jak mężczyzna krząta się w kuchni i gotuje. To takie urocze, gdy widzę, z jaką uwagą kroi produkty, jak dokładnie je miesza i przyprawia do smaku. Potem woła mnie i prosi:

– Posmakuj, kochana. Dobre? Dodać coś jeszcze?

– Jest perfekcyjne – mówię. – To będzie najlepsza kolacja, jaką jadłam.

Z uwagą przyglądam się, jak nakrywa dla nas do stołu i wypełnia kieliszki czerwonym winem.

– Siadaj, proszę – grzecznie zaprasza.

Tego wieczoru jemy spaghetti z czosnkiem i truflami. Takiej kompozycji smaków jeszcze we Włoszech nie próbowałam. Po uroczej kolacji leżymy przytuleni na sofie, oglądając mecz rugby (to ulubiona gra zespołowa Fulvio). I znowu proszę wszechświat: „Chwilo, trwaj wiecznie". Kolejny już raz zadziwia mnie to, jak niewiele potrzeba nam do szczęścia, do osiągnięcia poczucia spełnienia, pełnej akceptacji i bycia kochanym. To cudowne, że ludzie mogą dać sobie nawzajem to, czego nie mogą znaleźć w sobie…

Wyślizgnęłam się cichaczem z ramion Fulvio i poszłam do łazienki. Obiecałam przecież, że przywiozę ze sobą pończochy, pas i szpilki, które mój kochanek uwielbia. Gdy wyszłam w swojej seksownej garderobie, on już czekał na mnie w sypialni. Podeszłam pewnym krokiem, na swoich szczupłych i otulonych pończochami nogach. Pochyliłam głowę i ucałowałam jego usta. Usiadłam pośladkami opasanymi koronkową bielizną na jego nagich biodrach. Spod ciasno opinającego mnie koronkowego gorsetu wyglądały dwie małe, krągłe piersi.

– *Your tits make me happy.* – Usłyszałam tego wieczora w sypialni i rozpalił się prawdziwy ogień.

Niestety czas biegnie nieubłaganie i mój pobyt w raju dobiegł końca. Ostatni poranek. Szybka kawa, całus i przytulenie.

– Pogoda dzisiaj płacze, tak jak płacze moje serce – powiedział Fulvio.

Ucałowałam go czule.

W samochodzie miałam ostatnią szansę na to, aby powiedzieć, co czuję. Zanim zaczęłam, chwycił mnie za rękę, mocno objął moje palce swoimi i przyciągnął do siebie. Wzięłam głęboki wdech, westchnęłam i zaczęłam mówić:

– Pamiętasz nasze ostatnie spotkanie na lotnisku w Bolonii?

– Tak, pamiętam – odpowiedział.

– A pamiętasz, co wtedy ci powiedziałam? Powiedziałam, że bardzo cię lubię…

Zrobiłam krótką pauzę.

– Ale teraz to się zmieniło – dodałam.

Poczułam lekki chłód i jego wycofanie. Uśmiechnął się krzywo i jakby dodając sobie odwagi śmiechem, zapytał:

– A co? Masz w Polsce kogoś innego?

– Nie – odpowiedziałam. – Zmieniło się, bo się w tobie zakochałam.

Jego reakcja była najcudowniejszym prezentem, jakiego mogłabym się spodziewać od tego niepiszącego i małomównego mężczyzny. Zacisnął moją dłoń jeszcze bardziej i jeszcze mocniej przytulił do siebie. Odetchnął z ulgą. Z jego twarzy spłynął grymas wymuszonego śmiechu i zastąpiła go promienna łagodność.

To dodało mi odwagi, aby kontynuować.

– Kocham cię i chciałabym być twoją dziewczyną – powiedziałam.

– Ale ty już jesteś moją dziewczyną – odrzekł.

– To cudownie, że tak mówisz – dodałam z euforią w głosie. – Myślę, że skoro jesteśmy parą, powinniśmy się lepiej poznać – kontynuowałam. – Chciałabym dać naszej relacji szansę na rozwój. Wiem, że ty nie możesz przyjeżdżać do Polski, bo jesteś zapracowany, ale ja mogę latać do Bolonii. Mogę być u ciebie nawet co dwa, trzy tygodnie. Na przykład za tydzień mamy wolny czwartek, więc mogłabym przylecie…

Nie dokończyłam, bo Fulvio z sobie tylko znaną łagodną stanowczością przerwał mi, mówiąc:

– To niemożliwe, kochana, bo w listopadzie i grudniu mam bardzo dużo pracy.

Odcięło mnie. Zamroziło. Zamilkłam.

Wydukałam „OK", nie chcąc już ciągnąć tego tematu, aby broń boże nie usłyszeć czegoś jeszcze bardziej przykrego. Naprawdę niewiele mi brakowało, aby się rozryczeć i powiedzieć: „Nie chcesz, to nie. Żegnaj!". Nie zrobiłam tego, bo po tym, co przeżyłam w Bolonii, byłam już zakochana po uszy. Chciałam żyć nadzieją, że uda mi się zmienić jego plany.

– Dobrze, to ja prześlę ci plany lotów – wydukałam.

– OK.

Dojechaliśmy do lotniska. Wyszedł z auta, otworzył mi drzwi, przytulił i ucałował. Ja przerywałam swoje pocałunki, szepcząc:

– *Ti amo, ti amo.*

– *Me too, honey* – potwierdził. Spojrzał mi w oczy. – Proszę, nie płacz – wyszeptał słodko. – *Bye.*

To słowo zakłuło mnie i wywołało we mnie lęk.

– Nie mów do mnie „*bye*" – poprosiłam. – Powiedz „*see you*".

– *See you* – powtórzył.

Ostatni całus na pożegnanie i czas zbierać się z raju.

Lekcja, którą odebrałam: **Mów, co czujesz**.

Lekcja, którą Ty odebrałaś:

. . . .

. . . .

. . . .

. . . .

. . . .

. . . .

. . . .

. . . .

. . . .

. . . . *Powrót do raju*

. . . .

POLSKI ROLLERCOASTER

Dziękuję, słodka. Czy wszystko jest w porządku?

…odpisałam krótko, ale nic nie było w porządku!

* * *

Lotnisko w Bolonii świeciło pustkami.

Po co on mnie tu przywiózł tak wcześnie? Jest 7:00, a umówiliśmy się, że chcę być na lotnisku o 8:00. Zniosę tu jajo przez dwie i pół godziny. Mogliśmy jeszcze spokojnie poprzytulać się do siebie – pomyślałam w złości. Czułam, jakby okradł mnie z tej jednej godziny. Godziny, która była dla mnie bezcenna.

W samolocie przeglądałam nasze zdjęcia. Miałam plan, aby jedno z nich zamieścić na moim profilu FB. To nie był nowy pomysł. Tak naprawdę myślałam już o tym przed naszym spotkaniem. Coś mi mówiło, że powinnam zrobić ładne zdjęcie i umieścić je na FB, ale przedtem muszę koniecznie zapytać o zgodę Fulvio. Teraz przypomniałam sobie o tym i trochę zdziwiła mnie ta „przepowiednia”. Zapytać Fulvio o zgodę? To przecież mój profil, a on jest po rozwodzie. Po co pytać?

Ale poszłam za głosem wyroczni i napisałam:

Kochany czy mogę nasze zdjęcie umieścić na FB?

Proszę nie, nadal walczę z prawnikami mojej żony.

Poczułam, jakby ktoś odłączył mi kabel zasilający. Nie miałam nawet sił, żeby się złościć. Teraz już wiem, dlaczego miałam zapytać.

Przepraszam słodka.

Dalszą podróż samolotem przespałam. Tak było łatwiej, ale po wyjściu z lotniska nie mogłam się już powstrzymać. Zaczęłam płakać. Na zmianę cichutko, potem z łkaniem i zanoszeniem się. Bez wstydu i bez skrępowania. Nie zamierzałam udawać. Wszystko we mnie płakało: serce, dusza i całe ciało. Pasażerowie przyglądali mi się ukradkiem. Tak, wiem.

Zapłakane dziewczyny przyciągają uwagę, tak jak ta piękność z Marconi Express. Wszyscy na nią patrzyliśmy, ale nikt nie miał odwagi zapytać o to, co się stało. Zapamiętam tę lekcję do końca życia. Teraz już nigdy nie przejdę obojętnie obok płaczącej osoby.

W pociągu relacji Modlin–Warszawa Centralna siedziałam obok kilku młodych Gruzinów, którzy prowadzili energiczną rozmowę. Jeden z nich bacznie mi się przyglądał. Nie wytrzymał i po chwili usiadł naprzeciwko mnie, pytając:

– Przepraszam, panią, co się stało?

– To tylko zakochanie.

– O, to źle czy dobrze?

– Sama nie wiem. To nie jest łatwe – łkałam.

Po chwili pauzy podał mi chusteczkę, spojrzał swoimi ciemnymi oczami w moje i dodał:

– Wygląda pani przepięknie, gdy pani płacze.

To rozpuściło mnie totalnie. Ryczałam całą podróż pociągiem, w tramwaju i idąc do domu przez mój ukochany park. Gdy weszłam do mieszkania na warszawskim Bemowie, uderzyła mnie pustka i samotność.

Chwyciłam telefon i napisałam:

> Kochany, nie potrafię kłamać. Nie jest OK. Jestem dzisiaj jak ta dziewczyna z Marconi Express, tylko jeszcze bardziej zapłakana. 

JESTES WYJATKOWA.

Zachęcona reakcją Fulvio napisałam:

> Mój kochany, tak jak obiecałam, sprawdziłam loty z Warszawy do Bolonii. W listopadzie mogę przylecieć w piątek lub w sobotę i wrócić w niedzielę lub w poniedziałek. Co ty na to, aby spędzić kolejny cudowny weekend tylko we dwoje? Myślę, że należy ci się ta odrobina relaksu. Zadbam o ciebie. Wiesz, że spotkanie z mężczyzną, którego kocham i który kocha mnie, jest dla mnie ważne, konieczne i obowiązkowe. Czekam na twoją odpowiedź.

Wysłałam, a już po chwili napłynęły do mojej głowy katastroficzne scenariusze. Na szczęście szybko przywołałam się do porządku i zamiast przewidywać, co będzie wtedy, gdy będzie, zaczęłam tańczyć.

Przypomniałam sobie słowa Gosi – cudownej coach, która ratowała mnie po rozstaniu z eks – i o wskazówkach Julii – że miłość zawsze się obroni. Uspokoiłam się…

Czekam ze spokojem, bo miłości nie można utracić. Jak jedno się skończy, dostaniesz podwójnie.

***

Wstałam rano zła. Tak, zła, bo Fulvio był na WhatsAppie o 00:47, odczytał moją wiadomość i nie odpisał. Naburmuszona jak kolczatka i gotowa do ataku pomyślałam: *Nie to nie, łaski bez. Ciekawe, co on robił od 20:00 do 00:47?* – zapytałam samą siebie w emocji złości i obrażenia. Nie było go na czacie. Oczywiście w grę wchodziła tylko jedna odpowiedź: spotkanie z inną kobietą.

Szargały mną przeciwstawne emocje – od ukochania do złości. *Ach, ten Fulvio, prawdziwy casanova* – pomyślałam i uśmiechnęłam się czule. *Nie napiszę do niego, dopóki się nie odezwie.* O 8:00 otrzymałam „liścik":

Buon giorno! Kochana, jak mówiłem, listopad jest bardzo trudny dla mnie. Mam bardzo dużo pracy. jestem bardzo zajęty. Może będzie lepiej zaplanować nasze spotkanie w grudniu? Byłem naprawdę szczęśliwy, gdy byłaś u mnie…

Nagrałam krótkie, ale radosne „Dzień dobry!". Oczywiście byłam jeszcze bardziej wkurzona niż wcześniej. Poczułam odrzucenie.

Gdy przeszła mi złość dziecka, które nie dostało tego, czego oczekiwało, wysłałam krótkie „*ti amo*", a w zamian otrzymałam pękate, czerwone serce. Byłam szczęśliwa. Nie, nie czekałam na „*ti amo*" z jego strony. Nie potrzebuję od niego tego wyznania. Dlaczego? Dlatego, że uczę się robić to, co czuję, bez względu na konsekwencje i bez oczekiwań. To jest dla mnie naprawdę bardzo trudne wyzwanie.

Moim celem jest dojść do takiej perfekcji, aby żyć:

- bez lęku przed oceną,
- bez lęku przed odrzuceniem,
- bez lęku przed utratą szacunku do siebie,
- bez lęku przed ośmieszeniem,
- bez lęku przed utratą godności,
- bez lęku przed utratą miłości…

…i robić, i mówić, co czuję.

Moja terapia pokazuje, że mówienie o tym, że się kogoś kocha, że się pragnie z nim być, nigdy nie będzie utratą godności, bo prawda nie odziera nas z godności.

Z godności odzierają nas kłamstwo i manipulacja.

Jeżeli ktoś oceni twoje „chciałabym z tobą być", to nie jest to twój problem. To jest jego problem. To on pokazuje, że ma problem z akceptacją prawdy innych.

Kto wyśmieje osobę, która otwierając swoje serce, odsłania swoje wszystkie najwrażliwsze punkty? Tylko ktoś, kto sam boi się śmieszności.

Nie bójmy się robić tego, co czujemy, nie pozwólmy odebrać sobie odwagi bycia sobą tu i teraz i otwartego mówienia o swoich potrzebach i uczuciach.

Co może nam zrobić osoba słabsza od nas? Co może nam zrobić osoba, której strach przed uczuciem jest tak wielki, że musi przykryć go śmiechem, drwiną i ironią?

Rób to, co czujesz, nie odkładaj odczuwania na potem.

W połowie dnia napisałam zaczepnie:

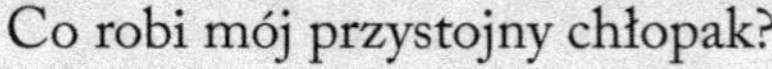

…i dowiedziałam się, że jest na spotkaniu.

Po południu wysłałam mu plan lotów na grudzień i…

No tak, DAWNA JA czekałaby z zegarkiem w ręku na odpowiedź. Każda minuta byłaby udręką. Dzisiaj za to pomyślałam(!): *On musi mieć czas na podjęcie decyzji i wskazanie odpowiedniego terminu na twój przyjazd. Może nawet musi ustalić coś z szefem, z rodziną. Daj mu więc czas, a nie wiś na nim emocjonalnie, wymuszając szybką odpowiedź. Ludzie są różni. Nie każdy jest taki jak ty i nie działa tak spontanicznie, że rzuca wszystko i od razu reaguje.*

Może on też musi mieć czas na zastanowienie się nad tym wszystkim, co się stało?

Może to, że wyznaliśmy sobie miłość, jest dla niego jak skok na głęboką wodę?

Może on nie do końca zdawał sobie sprawę z tego, że ma do czynienia z kobietą, która wie, czego chce od życia, ale w głębi jest wrażliwa i delikatna?

Może jest to dla niego nie lada orzech do zgryzienia?

Może myślał, że zostanie tak jak dawniej?

Po tej refleksji postanowiłam dać mu czas. A w zamian za pytania: „No, to kiedy mi odpowiesz?" lub „Ile jeszcze czasu potrzebujesz, żeby mi odpowiedzieć?", napisałam:

Kochany leżę samotnie w moim ogromnym łóżku i przypominam sobie te cudowne chwile, kiedy byłam przy Tobie taka wtulona i szczęśliwa. Gdy przez całą noc czułam Twoje ciało przy moim, gdy reagowałam na każdy twój ruch, a Ty odczuwałeś

> każdy mój. Gdy wzajemnie otulaliśmy się rękoma.
> Gdy robiłam wszystko, aby być swoim ciałem blisko
> twego. Gdy nawet moje stopy lgnęły do twoich
> stóp, gdy moje uda wtulały się w twoje męskie uda,
> gdy twoje biodra otaczały moje niczym chroniąca
> je zbroja. Gdy kładłeś swoje dłonie na mojej talii jak
> strażnik dający znak, że należę do ciebie.

Plany i cele swoje, a głowa swoje. Siedzę i ryczę. Do tej pory Fulvio nie odpowiedział na propozycję mojego przyjazdu do Włoch w grudniu. Gdyby taka sytuacja spotkała mnie z każdym poprzednim facetem, zrobiłabym z tym (jak to mawiał mój tata) dawno porządek. Napisałabym: „Spadaj, powodzenia" i zaczęłabym nowe życie.

Z Fulvio jest inaczej. Pomimo jego zachowania coś mnie przy nim trzyma. Nie wiem, czy to jest intuicja, czy fatalne zauroczenie, a może plan wszechświata?

Tańczę z radości, śmieję się, mam energię do działania i jestem zachwycona moim nowym życiem, a brak jednej wiadomości od ukochanego jest w stanie rozpieprzyć cały ten misternie zbudowany świat. Tęsknię i czekam. Tak bardzo mi go brakuje. Chciałabym się znowu do niego przytulić, usłyszeć jego cudowny głos i znowu poczuć tę błogość i spokój, które czułam, leżąc z nim na kanapie i oglądając mecz.

Najtrudniejszy do pokonania jest strach. Strach przed utratą miłości, która się we mnie obudziła.

Pamiętam, kiedy ostatni raz rozmawiałam o miłości. To było bardzo dawno temu. Przez kolejne dziesięć lat robiłam wszystko, aby nie pozwolić jej zakiełkować w moim sercu, a co dopiero wzrosnąć. Teraz taka zmiana? Tak, bo przysłowiowa strzała amora, bez pytania o zgodę, utknęła w moim sercu. Tak długo wypierane uczucie zalało mnie jak fala tsunami, nie dając mi szansy na racjonalne myślenie i czasu na kalkulację zysków i strat.

W zakochaniu jestem jak wystawiona publicznie pudroworóżowa szkatułka z miniaturowymi szufladkami i małym lusterkiem. Otwarta dla wszystkich. Każdy może zajrzeć do jej wnętrza.

Teraz, gdy pokochałam ten stan – wznoszący mnie ponad to, co dotychczas odczuwałam – odzyskałam wiarę w ludzi, nabrałam szacunku do mężczyzn i uczę się pokory i cierpliwości.

„Ta relacja nie jest po to, aby dać ci spokój i ukojenie, ale po to, aby cię przebudzić. Nie ma większego nauczyciela niż taki właśnie związek" – Bartek Stefański.

Siedzę więc i płaczę. Płaczę nad sobą, płaczę z tęsknoty, płaczę z lęku, płaczę z samotności… płaczę.

Myślę o nim, o sobie, o tych przepięknych chwilach, które spędziliśmy w Bolonii. Czuję ten podmuch wiatru w moich złotych włosach, gdy w pełni wolna od trosk i tak szczęśliwa stałam tuż za nim na hulajnodze. Zamknęłam oczy, wydałam z siebie westchnienie, a łzy jak przezroczyste perły zaczęły spływać po moich policzkach. Z każdym wdechem czuję ogromną wdzięczność za to, co przeżywam, a każdy wydech jest jak kolejne wyznanie mojej miłości.

„Płacz, płacz, kochana" – powiedziała kiedyś do mnie moja przyjaciółka Gosia. „Jest mi tak przykro, że cierpisz. Jest mi tak smutno, że płaczesz, ale jestem tak szczęśliwa, że to przeżywasz, bo przyjdzie za tym oczyszczenie i transformacja".

I chociaż trudno mi sobie wyobrazić ten stan, o którym mówi Gosia, to robię to, co czuję, bo nie chcę już żyć inaczej. Chcę być szczera ze sobą i ze światem. Bez pozorów, bez masek. Chcę się uleczyć ze wszystkiego, co mnie obciąża i nie pozwala mi na życie w prawdzie, miłości i szacunku dla innych. Chcę poczuć, co oznacza prawdziwa miłość – bezinteresowna, w oddaniu i uszanowaniu potrzeb drugiej osoby.

* * *

Wszystkie moje ubrania, które przywiozłam z Bolonii, pachną jego domem.

Kolejny dzień bez odpowiedzi ze strony Fulvio w sprawie naszego spotkania w grudniu. Ale stara się chłopak, bo codziennie mówi mi „dzień dobry", a wczoraj pożegnał się słodkim „Dobranoc, skarbie". To nieprawdopodobne, jak te słowa mnie unoszą.

Słuchaj, co ludzie mówią, a nie tego, czego nie powiedzieli. Czytaj, co ludzie piszą, a nie to, czego nie napisali. Nie napisał, że nie chce się ze mną spotkać, że mam spadać i się odwalić, tylko że listopad jest dla niego bardzo ciężkim miesiącem i w domu, i w pracy, więc może lepiej byłoby zaplanować nasze spotkanie na grudzień. No właśnie.

Kolejny samotny wieczór i pytanie, czy wysłać do niego zaczepne *„buonanotte"*, czy obrazić się, że nie odpowiedział na moje *„ti amo"*.

Jak długo będą we mnie te skrajne emocje, prowadzące mnie od miłości do złości?

Czy osiągnę kiedyś balans, pozwalający mi na to, aby z pokorą i spokojem przyjmować ludzkie wybory?

Jak długo brak odpowiedzi będę traktować jako brak szacunku do mnie?

Jak długo będą mi dźwięczeć w głowie słowa moich babć, ciotek i mojej mamy, które jak wyrocznia wpajały mi: „nie pokazuj, że ci zależy"?

Kiedy ze spokojem przyjmę, że każdy ma prawo pisać to, co chce, i kiedy chce i nie do mnie należy ocenianie tego?

Dzisiaj, trochę mądrzejsza, wiem, że jedyne, co mogę zrobić, to zaakceptować to lub odejść.

„Moja wolność kończy się tam, gdzie zaczyna się twoja".

To były jedne z pierwszych słów, które powiedział do mnie Fulvio. Wtedy, gdy słyszałam je pierwszy raz, nie miały dla mnie wielkiego znaczenia. Ot, taka oczywista prawda. Dzisiaj coraz bardziej mnie dotykają i coraz głębiej je odczuwam.

Lekcja, którą odebrałam: **Moja wolność kończy się tam, gdzie zaczyna się twoja.**

Lekcja, którą Ty odebrałaś:

. . . .

. . . .

. . . .

. . . .

. . . .

. . . .

. . . .

. . . .

. . . .

. . . .

. . . .

. . . . Lekcja, którą odebrałam: **Moja wolność kończy się tam, gdzie zaczyna się twoja.**

MOJE PLEMIĘ

W sobotę – czyli kolejny weekend z Mediolanem w tle – uratowały mnie moje cotygodniowe zajęcia Tańca Pięciu Rytmów. To niesamowite, jak szybko wpisały się w moje życie i jak energetycznie ze mną współgrają. To właśnie na przykładzie tych warsztatów zobaczyłam, jak zmieniają się nasze potrzeby i jak ważne jest, aby się w nie wsłuchać. Wcześniej spotykałam się w tantrycznym kręgu kobiet prowadzonym przez moją koleżankę Martę. Cudowne spotkania w kobiecej energii, pełne spokoju, zadumy i akceptacji siebie. To, co najbardziej utkwiło mi w pamięci, to ćwiczenia z patrzeniem prosto w oczy innym kobietom. To nieprawdopodobne, ile można w nich dostrzec strachu, cierpienia i niepewności, przeplatanych miłością i siłą. Tego uczucia nie zapomnę do końca życia.

Jednak przyszedł czas na zmiany. Nie planowałam ich. Po prostu samo się stało.

Aldonka, nie mogąc patrzeć na to, jak wariuję w zakochaniu do Fulvio, zaprosiła mnie na warsztaty i zostałam.

Marta wielokrotnie dzwoniła do mnie z zaproszeniem na spotkania w kręgu, a ja ze spokojem w sercu odpowiadałam:

– Kochana, dziękuję za zaproszenie. Jeśli masz na tyle cierpliwości, aby mówić mi o każdych organizowanych warsztatach, to rób to, proszę, bo ja jeszcze do ciebie wrócę, ale to nie jest ten czas. Teraz ciągnie mnie w inną stronę. Teraz chcę tańczyć ze swoim plemieniem. Chcę w kobiecym rytmie *Flowing* znaleźć kontakt z ziemią i wrócić do swoich korzeni. Uwielbiam zatopić się w *Staccato* i poczuć męski ogień, wyzwalający we mnie odwagę. Pragnę nauczyć się odpuszczania kontroli i puszczania tego, co niepotrzebne w rytmie *Chaos*. W energii *Lyric* chcę poznać swój autentyczny ruch, odczuwać lekkość, wolność i swobodę. Marzę, aby tańczyć ze swoją duszą, połączyć się z moją wewnętrzną ciszą i pojednać się ze wszystkim wokół w *Stillness*.

Gdy weszłam na salę i usłyszałam pierwsze dźwięki muzyki, rozpłakałam się. Łzy jak grochy płynęły mi po twarzy. To były łzy tęsknoty za moim włoskim chłopakiem, smutku, że nie daje mi tego, czego potrzebuję, i rezygnacji. Wypłakiwałam swoją samotność, głaszcząc się po stopach i dłoniach.

– Tak bardzo cię kocham – mówiłam sama do siebie – i tak bardzo ci współczuję, kochana. Wszystko, co mogę zrobić, to być przy tobie i pocieszać cię. Jak siostra.

Nie ma nic piękniejszego niż wypowiedziane do siebie słowa czułości i miłości.

Moje plemię zbierało się powoli. Co chwilę dołączali nowi członkowie. Ci, których znałam, witali mnie porozumiewawczo wzrokiem. Nie mogłam się doczekać pierwszych rytmów rozgrzewki. Na początku zajęć Tomasz prosi nas o przywołanie swojej intencji. To zmobilizowało moje szare komórki i pierwszą myślą, która przyszła mi do głowy, było: *Ufam ci, życie. Prowadź mnie.* Ale dopiero po zajęciach zdałam sobie sprawę z tego, że przyszłam tutaj z inną potrzebą – w ogromnej tęsknocie za mężczyzną, za jego dotykiem i obecnością. I co dostałam?

Już w pierwszych rytmach *Staccato* znalazłam się ciałem przy ciele z Tomaszem. Złożył swoją głowę na moim brzuchu i popłynęliśmy. To był rytmiczny taniec dwóch głodnych dusz. Dawaliśmy sobie uwagę i dotyk, których oboje potrzebowaliśmy. Po chwili parkiet połączył mnie z kolejnym mężczyzną. Pląsaliśmy z uważnością.

Reagowaliśmy na każdy swój gest, oddech i głęboki ruch. Płynęliśmy w zaufaniu, bliskości i szacunku. Gdy mój partner unosił mnie ponad parkiet, a ja obejmowałam swoimi udami jego biodra, wzdychał i przytulał mnie mocno. Chwilami przeżywaliśmy wspólnie ekstazę porównywalną do tej, której doznają kochankowie. Z jedną tylko różnicą. Gdy praktykujesz taniec Pięciu Rytmów, swoją seksualność kierujesz z ciała do duszy i serca.

Na szaleństwo i wyrzucenie z siebie gniewu spotkałam się z uroczym brunetem Wadimem. Było w nas tyle dziecięcego wigoru. Z każdym kolejnym okrzykiem, z każdym kolejnym grymasem, pojawiającym się na naszych twarzach, wyrzucaliśmy z siebie złość i niezgodę na ograniczające nas normy. Nasze ciała jak powyginane karły kuliły się w lęku, a po chwili straszyły swoimi groźnymi szponami. Jak bardzo spontanicznym można być, odłączając głowę i podążając za muzyką? Wystarczy tylko krótki reset, aby popłynąć. Miałam także cudowny czas, w którym pomiędzy dłońmi moimi i partnera wytworzyła się tak silna energia, że poczuliśmy wibrujące ciepło. Bawiliśmy się, co chwilę odsuwając i przybliżając nasze dłonie. Eksperymentowałam, próbując nadać tej fali kształt. Jeszcze kilkukrotnie w ciągu tego wieczora energia łączyła mnie z cudownymi partnerami.

Gdy na koniec zajęć siedzieliśmy w kręgu, ogarnęła mnie przeogromna wdzięczność. Powiedziałam:

– Mam na imię Iwona. Chciałam podziękować ci, Tomku, za dzisiejsze zajęcia, i wam wszystkim, którzy dzisiaj tutaj tańczyliście, ale w szczególności chciałam podziękować wszystkim moim męskim partnerom, którzy dali mi swoją uwagę i dotyk. Niczego tak bardzo dzisiaj nie potrzebowałam jak prawdziwej męskiej energii i bliskości męskiego ciała. Jesteście nam potrzebni jak woda kwiatom, bez was życie nie miałoby sensu. Dziękuję.

Po sali rozeszło się westchnienie, a mnie ogarnęła wdzięczność.

Jestem wdzięczna Aldonce za to, że zaprosiła mnie na te warsztaty. To jest to, czego właśnie na tym etapie swojego życia potrzebowałam, i zdaję sobie z tego sprawę tym częściej, im więcej razy w nich uczestniczę.

Taniec mnie wyzwala. Zawsze lubiłam tańczyć. Kiedyś mówiłam, że woda jest moim żywiołem. Faktycznie w wodzie czuję się jak przysłowiowa ryba. Nie boję się jej, powiem więcej – czym bardziej jest wzburzona, tym większą zabawę i satysfakcję czuję. Uwielbiam w pełnym zanurzeniu poddać się jej pływowi, rejestrować wszystkie napływające do moich uszu dźwięki i przyglądać się sobie. To tak, jakbym znalazła się po drugiej stronie lustra i z niekrytą ciekawością i zafascynowaniem obserwowałabym swoje ciało.

Jednak od chwili, gdy odkryłam taniec Pięciu Rytmów, mogę śmiało powiedzieć, że woda jest żywiołem, z którym zaprzyjaźniłam się podczas godzin spędzonych na treningach, a taniec jest żywiołem, który był we mnie od zawsze. Wrażliwość na muzykę i ruch dostałam w darze.

Pod drzwiami Klubu Milonga zbiera się coraz więcej osób. Z niekrytą radością witam się z Wadimem, wrażliwym brunetem, który tak pięknie partnerował mi na ostatnich warsztatach, w tańcu pary dzieciaków – szalejących i wyrzucających z siebie na przemian złość i okrzyki radości.

Na powitanie otrzymuję od niego cudowny prezent. Ten prawie dwumetrowy chłopak chwyta mnie swoimi silnymi ramionami, unosi, mocno przytula i mówi:

– Iwonka, tak tęskniłem za tobą i bałem się, że dzisiaj nie przyjdziesz.

– Ja też za tobą tęskniłam – odpowiedziałam szczerze – i tak się cieszę, że jesteś.

Spędziliśmy w tym przytuleniu kilka minut, tak jakby świat dla nas nie istniał. Po chwili do grupy dołączył Tomek, z którym w ostatnią sobotę byliśmy parą spragnionych dotyku i czułości kochanków.

Podeszłam do niego i czule obejmując, ucałowałam. Pamiętam doskonale ostatnią sobotę i mogę nazwać ją przełomową w moich kontaktach z męską energią. Byłam ciekawa, czy także dzisiaj parkiet nas połączy, a właściwie nie byłam ciekawa, tylko czekałam na to z utęsknieniem już od piątkowego wieczoru.

Tak, rytmy plemienne wzywają mnie już w każdy piątek na około dwadzieścia cztery godziny przed warsztatami i nie pozwalają mi spać. Włączam wówczas muzykę i tańczę tak, jakby moja dusza i moje ciało potrzebowały rozgrzewki.

Wchodząc jako pierwsza na pustą i jeszcze ciemną salę, czuję jej zapach i doznaję ekscytacji, w której trudno jest mi zachować spokój. Ogarnia mnie przyjemne napięcie, tak jakby nie setki i nawet nie tysiące, ale miliony wielobarwnych motyli fruwały w mojej klatce piersiowej. Czuję swego rodzaju uniesienie, jakby moje przyklejone jeszcze do tułowia skrzydła próbowały się delikatnie rozprostować i miały przeogromną chęć zatrzepotać.

Trochę w obawie przed tym, co może się stać, gdy okażą się tak wielkie i silne, że pofrunę, mówię do siebie czule: „Jeszcze nie teraz kochana. Poczekajmy".

Moją energię podnosi także fala zakochania do Fulvio, której na nowo pozwoliłam swobodnie przepływać. Zaczynam rozgrzewać swoje ciało, próbując znaleźć i zachować balans. To pozwala mi na osadzenie się w tu i teraz. Z ciekawością tego, co się dzisiaj wydarzy i co przeżyję, rozpoczynam swój plemienny taniec. Skupiam się kolejno na poszczególnych częściach mojego ciała, przypominam sobie o tym, że mam stopy, kolana, biodra, kręgosłup, łokcie i dłonie. To nieprawdopodobne, że można to odkryć, dopiero stosując pewne formy uważności. To dziwne, że na co dzień czujemy swoje ciało tylko wówczas, gdy nas boli.

Stawiam pierwszy krok swoją bosą stopą na drewnianym parkiecie. Moje palce wyczuwają każdą jego nierówność. Parkiet, odwzajemniając dotyk, pozwala mi wyraźnie poczuć moje ciało. Celebruję pojedyncze ruchy. Najpierw dotykam go palcami i śródstopiem, potem przesuwam po nim piętę, aby na końcu przytulić do podłogi całą swoją stopę.

Tomasz zachęca nas do tego, aby poeksperymentować, aby wykonać jakiś nieoczywisty ruch. Zaczynam więc stawianie stopy od pięty i kończę na opuszku małego palca.

– Pamiętajcie o tym, że macie też kolana – przypomina.

Tak, kolana. Czy przed dwoma miesiącami zwracałam na nie uwagę? To odkrywcze, że można poczuć każdą powięź, każdy mięsień otaczający ten, nazywany królewskim, staw.

Mamy też biodra – magazyn naszych lęków, wgranych ograniczeń i wstydu. To jest dopiero moc! Gdy odrzucisz kontrolę, gdy dasz sobie przyzwolenie na swobodę, okazuje się, że wykonujesz nimi ruchy w zakresach, o jakich nie miałaś pojęcia.

Kręgosłup. Zawsze sztywno wyprostowany, trzymający twoje ciało w gotowości do działania. Dlaczego boisz się pochylić?

„Nie garb się! Stój prosto!" – pamiętasz te słowa? Ja słyszałam je przez całe swoje dzieciństwo. Dlaczego musisz być prosta? Moim zdaniem te słowa mają metaforyczne znaczenie. Prosty, czyli prawidłowy, odpowiedni i idealny. Czy zmieniając kształt swego ciała, stajesz się innym człowiekiem? Nie, nie dla siebie samej, ale z pewnością zmienia się postrzeganie ciebie jako członka społeczeństwa.

Chociaż o filozofii Sparty mówimy jak o zamierzchłej przeszłości, to kult uwielbienia dla tego, co idealne, nieskazitelne i mieszczące się w normie, jest bardzo głęboko w nas osadzony. Gdy będziesz inna, społeczeństwo szybko odsunie cię na margines. Nie lubimy inności? Powiedziałabym nawet więcej – my się jej boimy. Ona nas po prostu przeraża! Wszystko, co inne, chwieje naszym poczuciem bezpieczeństwa i wzbudza w nas lęk. Boimy się, że wszystko – co uznaliśmy za prawdy, normy i dogmaty – runie i nie będziemy mieli się już na co powoływać i według czego żyć.

Sam wydźwięk słów takich jak: „garbaty" (a nie „pochylony"), „łysy" (a nie „bez włosów"), „ślepy" (a nie „niewidomy"), „kuternoga" (a nie „utykający") mówi wiele za siebie. Ale moim zdaniem jeszcze bardziej wykluczającym słowem, chociaż o zabarwieniu dużo łagodniejszym, jest słowo „dziwny". Myślisz inaczej – jesteś dziwny; ubierasz się inaczej – jesteś dziwny; zachowujesz się inaczej – jesteś dziwny.

DZIWNY – INNY – NIEBEZPIECZNY

Kocham w tej technice tańca to, że pobudza do znalezienia odwagi, aby być sobą. Jak powiedziała jedna z moich plemiennych sióstr: „Przychodzę tutaj po prawdę. Przychodzę tutaj po prawdę o sobie i ją dostaję. Naprawdę dziękuję!". Ja też odkrywam prawdę o sobie. Zrzucam kolejne warstwy skorupy, a pod nimi widzę cudowną i wrażliwą istotę, pełną zrozumienia dla ludzkich słabości. Eteryczną, niemal kuszącą kobietę z ogromnym apetytem na życie. Nie wstydzę się już swojej seksualności i swoich potrzeb. Parkiet mnie porywa. Jestem na nim dzieciakiem tupiącym nogami i wykrzykującym swoją złość, dzikuską tańczącą wokół ogniska i nimfą dzielącą się światłem i ciepłem dotyku.

Uwielbiam tańczyć ze swoimi dzikimi siostrami i delikatnymi braćmi. Kocham te momenty, w których za jednym okrzykiem następują kolejne, tak jak byśmy nawoływali się z oddali lub tak jak byśmy potwierdzali swoją przynależność i braterstwo dusz. To niesamowite, jaką siłę daje obecność w grupie tak otwartych ludzi. Jaką odwagę dostajesz, wiedząc, że możesz być sobą. Naprawdę sobą.

Moja odkryta wrażliwość nie pozwala mi już stać obojętnie, gdy widzę płaczącego plemiennego brata, który po wypadku samochodowym cierpi na niedowład nóg i rąk. Jest tak bardzo wzruszony, że bez zawahania podchodzę do niego, siadam za jego plecami i otulam jego tors swoimi ramionami. Jego serce wali jak tłok rozpędzonej lokomotywy, do której pieca maszynista dorzuca kolejne porcje paliwa. Tym paliwem są emocje. Odwaga stanięcia w prawdzie i powiedzenia tego, co było ukryte przez tyle lat. Wzruszenie z łączącej nasze plemię jedności serc i dusz. Wdzięczność za uwagę i akceptację. Lokomotywa rozpędza się jeszcze bardziej. Przytulam go jeszcze mocniej, aby poczuł, że nie jest w tym sam.

Otwierając swoje serce na miłość, nie podejrzewałam, że dojdę tak daleko. Nie przechodzę już obojętnie obok pijanego mężczyzny, który się przewrócił i z rozbitym nosem próbuje pozbierać rozsypane puszki z piwem i papierosy. Pytam, czego potrzebuje, i ocieram zakrwawiony nos kawałkiem serwetki. Zbieram starannie jego cały dobytek i pakuję do pojemnych kieszeni kurtki. Dwa piwa do jednej kieszeni, serek waniliowy, paczka papierosów i gazetka promocyjna do drugiej.

– Tak będzie lepiej – mówię. – Teraz już niczego pan nie zgubi.

Pomagam mu postawić krok na asfaltowej ulicy i podprowadzam do domu.

* * *

Uwielbiam jazdę samochodem. Słucham wówczas swojej ulubionej muzyki, podziwiam krajobrazy i pozdrawiam kierowców. Jednak podczas moich podróży mam bardzo przykre momenty. Nie wiem jak ty, ale ja, podróżując, zauważam każdy transport zwierząt do rzeźni. To nieprawdopodobne, jak głębokie odczuwanie powoduje, że czuję ich strach i ból. W takich sytuacjach także robię to, co czuję. Cierpię razem z nimi, przytulam je wszystkie do serca i przepraszam.

* * *

Wczoraj, przechodząc Marszałkowską, zwróciłam uwagę na bezdomną kobietę siedzącą pod drzewem na małym, turystycznym krzesełku. Wokół niej, w oczekiwaniu na posiłek, biegało stado dzikich gołębi. Podeszłam i spytałam, czy wszystko jest w porządku? Czy czegoś potrzebuje?

– Nie, dziękuję – odpowiada. – Robię sobie kawę – dodaje i pokazuje mi turystyczny zestaw do gotowania wody.

Spod kaptura zimowej kurtki wyłania się twarz istoty, której życie nie oszczędzało. Jednak pomimo tych niełatwych doświadczeń jej oczy wciąż jeszcze błyszczą. „Nie ma nic", powiesz? Tak! Nie ma domu, nie ma pracy, nie ma nawet kurtki na zmianę, ale w swoich oczach ma wszystko, co najważniejsze: miłość, ciepło, radość i nadzieję.

– Ma pani piękne oczy – mówię.

Uśmiechnęła się nieśmiało.

– Czy mogę zrobić pani zdjęcie? – kontynuuję.

– Tak, proszę.

Kucam obok, zbliżam swoją głowę do jej i…

Umieściłam nasze zdjęcie na swoim profilu FB z komentarzem:

Może bezdomna. Może biedna. Może bez perspektyw.
Nadal człowiek. Taki sam jak Ty i Ja.
Szczery uśmiech. Nadzieja w oczach. Chęć życia!

***

Poznaję też prawdę o innych. O męskim buncie przeciwko własnej wrażliwości i o kobiecym wypieraniu siły i odwagi. Jestem szczęściarą, bo energia zakochania daje mi moc bycia w prawdzie.

Podchodzę do moich współplemieńców bardzo blisko, dotykam ich z czułością, cieszę się, gdy oni także mnie dotykają. Uwielbiam tańczyć z nimi w parach, trójkach i większych grupach. Widzę, jak bardzo potrzebujemy akceptacji, czułości i miłości. Odżywia mnie poczucie braterstwa i wspólnoty z ludźmi, którzy szukają w życiu tego samego co ja – swojej autentyczności.

Gdy cichną ostatnie rytmy plemiennej muzyki, leżę przytulona do Tomasza. Jego głowa dotyka mojego brzucha, moje nogi wtulają się w jego ciało, a nasze splątane dłonie trzymają nas w uścisku szacunku i zaufania. Każdy mój wdech unosi jego głowę, każdy jego oddech unosi nasze dłonie.

Odczuwamy.

Jestem szczęśliwa. Z głębi wydobywa się mój radosny śmiech. Śmiech wolnej i dzikiej istoty.

– Kto lubi bliskość? – pyta nasz szaman.

Wiele osób podnosi rękę.

– Jest was tak wielu, spragnionych tulenia się. Zadajcie więc sobie pytanie: Dlaczego na tym parkiecie widzę tylko kilka połączonych ze sobą par? – mówiąc to, rozpyla po sali cudowny zapach moksy, który nas otula.

Nastaje cisza.

Rytmy muzyki porywają cię w nieznane przestrzenie ciała i umysłu.

Lekcja, którą odebrałam: **Nie bój się być sobą**.

Lekcja, którą Ty odebrałaś:

. . . .

. . . .

. . . .

. . . .

. . . .

. . . .

. . . .

. . . .

. . . .

. . . . *Moje plemię*

. . . . Lekcja, którą odebrałam: **Nie bój się być sobą**. . . . .

ROZCIĄGANIE

Mam wrażenie, że on mnie wciąż rozciąga. Gdy już mi się wydaje, że osiągnęłam granice mojej cierpliwości i że nie zniosę już więcej, on kolejnego dnia odzywa się jeszcze rzadziej. Wtedy, aby to przetrwać, robię się elastyczna.

Biorę kilka głębokich wdechów, zamykam oczy i obserwuję wszystkie napływające do mnie emocje. Witam:

- złość, bo nie dostaję tego, co chcę;
- obrazę, bo on nie jest taki, jak bym chciała, żeby był;
- urazę, bo nie czuję się szanowana;
- odrzucenie, bo nie poświęca mi wystarczająco dużo uwagi.

Przyglądam się im, każdą z osobna przeżywam i weryfikuję. Szukam w historii swojego życia momentów, z którymi mogę je połączyć, w których czułam się tak samo. Niekiedy ukazuje mi się obraz mnie jako małej dziewczynki, obrażonej na rodziców, gdy nie poświęcali mi uwagi. Innym razem jestem nastolatką złą na to, że mama czyta mój pamiętnik. Pamięć podsuwa mi też sytuacje, w których czułam się odrzucona przez rówieśników.

Konfrontuję się więc z moimi emocjami, co nie jest łatwe, ale tylko pozwolenie sobie na ich pełne przeżywanie może nas rozmrozić.

Zaczynam *tapping*.

„Co to takiego?" – zapytasz. To potoczna nazwa techniki EFT, czyli *Emotional Freedom Technique* – techniki wolności emocjonalnej, która polega na opukiwaniu wybranych punktów na ciele, przy jednoczesnym powtarzaniu słów opisujących emocje, w których jesteśmy i z którymi sobie nie radzimy.

Ma na celu zneutralizować to, co nas boli, co nas blokuje i odbiera nam siły. Każda negatywna emocja czy traumatyczne przeżycie, którego nie przepracujemy, zalega w nas jak kurz, a może nawet tworzy wokół nas skorupę. Tapping pozwala pozbyć się tej skorupy, odcinającej nas od życia.

Cały czas głęboko oddycham, powtarzając głośno:

– Pomimo tego, że jestem wściekła na Fulvio… Kocham i szanuję siebie.

W zależności od tego, w jakiej kondycji psychicznej jestem, moje rozciąganie trwa od kilku sekund do kilkunastu minut. Gdy wszystkie trudne emocje wybrzmią we mnie i osiągnę wewnętrzny spokój, ustalam nowe zasady gry, mówiąc:

– To, co było wczoraj, jest już nieaktualne! Zasady się zmieniły! Dzisiaj jest nowy dzień! Nowe rozdanie!

Następnie wpuszczam do swego serca miłość, zrozumienie, tęsknotę i zakochanie. I one już robią resztę.

* * *

Zbliża się weekend. Słyszę znowu obietnice, że Fulvio zadzwoni wieczorem, ale – jak z ironią mówi moja siostra – „nie dodaje, którego wieczora". W poniedziałek tylko przeprasza, że nie dzwonił. We wtorek głucha cisza. W środę „dzień dobry" i umawiamy się na randkę, którą potem sam odwołuje, bo jest w biurze. W czwartek także odwołuje randkę, bo pracuje do późna. W piątek „dzień dobry" i głucha cisza… trwająca do poniedziałku. Dzisiaj jest środa – nadal bez kontaktu.

Dlaczego ja to toleruję?

- Może, żeby sprawdzić swoją cierpliwość?
- Może, żeby skonfrontować się z poniżeniem?
- Może, żeby lepiej poznać moją dumę i pychę, które nie lubią, gdy ktoś postępuje wbrew ich oczekiwaniom?
- Może, żeby obserwować swoją złość i nauczyć się ją kontrolować?
- Może to trening pogodzenia się z tym, że nie zawsze można mieć to, czego się chce?
- Może, żeby sprawdzić swoje zaufanie do życia?
- Może, żeby szanować ludzi bez względu na to, czy działają zgodnie z moim planem?

Co myślę?
- Tylko mnie lubi i to jest OK.
- Chce się ze mną spotykać na fajny seks, więc może lepiej nam będzie jako parze kochanków.
- Lubi ze mną przebywać, gdy ma na to przestrzeń.

Pytasz, co dla mnie znaczy ROZCIĄGANIE?
- Nieustanne wychodzenie ze strefy komfortu.
- Rozszerzanie swoich granic, w tym granicy cierpliwości.
- Porzucenie stabilizacji dla codziennego odczuwania, że żyję.
- Poznawanie siebie poprzez obserwację, jak daleko jestem w stanie się posunąć, ile jestem w stanie zrobić.
- Zanurzanie się we wszystkie emocje.
- Gotowość na odmrożenie, bez względu na to, co ze sobą przyniesie.
- Kroczenie bez lęku za tym, co mnie wzywa.
- Przeciwstawianie się stereotypom.
- Robienie tego, co czuję, bez względu na konsekwencje.

Na kolejnej sesji Julia spytała mnie:

– A jaki ty masz teraz pomysł, skoro on się nie odzywa?

– Odezwał się w czwartek i napisałam do niego list, ale jeszcze go nie wysłałam. Opisałam w nim to, co czuję. Podziękowałam mu za weekend w Bolonii… i właśnie o tym liście chciałam z tobą porozmawiać.

– Dobrze, kochana, ale później. Teraz skupmy się na tym, co jest między wami. Moim zdaniem to, jak wy się komunikujecie, to są rozmowy kochanków. Gdy stracisz radość z tego, co masz, to się nie będzie już działo. To, co was łączy, powinno być zbudowane na dobroci waszych przeżyć, a nie na tym, co cię przytłacza. Kochankom, którzy są zakochani, nie przeszkadza to, że mają żonę czy męża. To, co się będzie działo, zależy od tego, czy będziesz podsycać zakochanie, czy skupisz się na tym, co cię uwiera.

Zaniemówiłam…

– To jest dla mnie zupełnie nowa perspektywa. Nigdy nie patrzyłam w ten sposób na relację kobiety i mężczyzny.

– Rozumiem. Nie patrzyłaś, bo społeczeństwo uznaje jedynie ludzi, którzy żyją w monogamicznych i zalegalizowanych związkach, nie dając kochankom praw do istnienia.

– Tak bardzo pragnę się tak rozciągnąć, aby móc ze spokojem czekać na wiadomości od niego, a potem szczerze się cieszyć, że napisał, ale nie umiem tego jeszcze ogarnąć. Pojawiający się niepokój każe mi zrobić z tym porządek i za wszelką cenę to wyjaśnić. A za niepokojem przychodzą myśli: „Postaw go pod ścianą. Niech wybiera!". Co to za paskuda ten lęk!

* * *

Wczoraj byłam na filmie „Dziewczyny z Dubaju". W recenzjach słaby film, pornus o niskich wibracjach. Z pewnością przed moim rozmrożeniem czułabym tak samo, ale teraz nie widziałam pornusa. Dla mnie był to film o niełatwej miłości i o kobietach, które marzą o wolności i niezależności. Nie przytłoczył mnie w nim wątek handlu żywym towarem. Ja po prostu widziałam historię kobiet, szukających swojej drogi.

Po wyjściu z kina płakałam. Było mi tak żal tych wszystkich kobiet. Ogarnęło mnie ogromne współczucie, szacunek i nostalgia. Byłam tak wdzięczna za to, że się odmroziłam i potrafię przeżywać takie emocje. Po płaczu przyszedł śmiech i płacząc, śmiałam się, a śmiejąc się, płakałam.

Lekcja, którą odebrałam: **Rozmrożenie zmienia życie**.

Lekcja, którą Ty odebrałaś:

SZACUNEK

– Wiem, że on ma mnie czegoś nauczyć. Tylko jak odrobić tę lekcję i nie zwariować?

Julia westchnęła i zaczęła mówić:

– Iwonko, zrozum, że facet może nie odpowiadać. Po pierwsze może, a po drugie dlaczego? Dlatego że chce odpisać wtedy, kiedy on tego chce. Im więcej mężczyzna ma do ciebie skrytych uczuć, tym trudniej mu jest napisać. Niektórzy ludzie tak funkcjonują. Twój kod komunikacji to częste wiadomości i natychmiastowe odpowiedzi. Twoim zdaniem, gdy napiszesz, to on „musi" odpowiedzieć. Zrozum, że on może mieć inny kod. Może on musi się bardziej zaangażować, żeby napisać? Może on nie pisze automatycznie? Ludziom trzeba dać pozwolenie na to, aby odpisywali, kiedy chcą. Wiemy, że twój facet ma głębię, więc skoro ją ma, to głębiej przeżywa życie. Głęboko przeżywający człowiek bierze słowo, przemyśli je, a gdy słowo wygaśnie i nie ma się już do czego odnieść, nie ma też odpowiedzi.

– No tak. Szacunek do ludzi, danie im przestrzeni, odpuszczenie kontroli – westchnęłam.

– Pytanie do ciebie: co ty masz zrobić, aby się lepiej w tej sytuacji i w takiej komunikacji czuć? Posłuchaj: matka z ojcem cały czas gadają o wszystkim i o wszystkich. Jeżeli przyjmiemy teorię, że w każdym związku jest ograniczona liczba słów do wypowiedzenia, to jak przegadasz wszystko na początku znajomości, to nie ma się czemu dziwić, że po kilku latach ludzie nie mają już sobie nic do powiedzenia. Każdy jak zahipnotyzowany siedzi w swoim fotelu i nic.

– No tak. Dwójka kiedyś niemogących się nagadać ludzi, która straciła totalnie zainteresowanie. Nie tylko sobą – wtrąciłam.

– A teraz porozmawiajmy o twoim Włochu. Popatrz na niego; jaki on jest zajęty i jak się musi mobilizować, żeby przemówić do ciebie z głębi. Jeżeli on ma taką głębię, o jakiej myślę, to jego przyjaźnie i miłości trwają bez końca, bo są nie do wygadania. Słuchaj tego, co on mówi, a nie tego, czego nie powiedział. Pamiętasz, co odpowiedział na twój list?

– Jaki list?

– Ten, który wysłałaś po powrocie z Bolonii.

– A, tak…

LIST DO FULVIO

Fulvio,

wiesz, że jestem w Tobie zakochana, i mam nadzieję, że to czujesz i widzisz. Czuję się w tym zakochaniu jak nastolatka, ale mam 54 lata, znam siebie i wiem, że to nie jest tylko chwilowe zauroczenie.

To były cudowne chwile – z Tobą w Bolonii. Tak, to prawda – byłam trochę onieśmielona i lekko wycofana, bo nie byłam pewna, jak nam ze sobą będzie, a tak naprawdę, to nie byłam pewna, jak Tobie będzie ze mną. Bałam się, że to, co do Ciebie czuję, okaże się zbyt dużo dla Ciebie. Pomyślałam więc, że lepiej będzie, jak przed wyjazdem wezmę przysłowiowy „zimny prysznic" i się trochę ostudzę. Myślę, że jest to normalne na początku każdej znajomości, a szczególnie takiej, w której od pierwszych chwil czuje się motyle w brzuchu. Ostudziłam więc swoje emocje (co nie było łatwe, bo jestem bardzo emocjonalna) i cieszę się, że je tylko ostudziłam, a nie zamroziłam, bo dzięki temu przeżyłam z Tobą wspaniały weekend.

Te ponad dwa miesiące oczekiwania były dla mnie bardzo trudne, ale i przyjemne. Trudne, bo bardzo za Tobą tęskniłam; nie byłam pewna, czy będziesz chciał się ze mną spotkać; bałam się, że w ostatniej chwili coś nam przeszkodzi. Były one trudne także dlatego, że mieliśmy ze sobą bardzo mały kontakt. Tak, wiem – mówiłeś, że mogę pisać i dzwonić do Ciebie, kiedy tylko chcę. Moim problemem było to, że ja mogłabym rozmawiać z Tobą przez telefon codziennie, ale bałam się, że Ty się tym zmęczysz. Dlaczego? Bo nie byłam pewna, czy jestem dla Ciebie tak samo ważna jak ty dla mnie, a nie miałam odwagi Cię o to zapytać. Jeszcze nigdy, przy żadnym mężczyźnie nie czułam się tak onieśmielona jak przy Tobie.

Z kolei te dwa miesiące były przyjemne, bo żyłam nadzieją i codziennie wyobrażałam sobie nasze spotkanie na lotnisku, naszą przejażdżkę motorem i nasz seks. Rozpaliłeś mnie. Już dawno nie czułam się tak kobieco jak teraz.

Nasz weekend, jak go nazwałeś – „pierwszych razy", był cudowny. Dostałam od Ciebie wiele prezentów urodzinowych. Rozkoszny seks, którego mi z Tobą ciągle mało. Przejażdżkę na motorze, podczas której czułam i spokój, i ekscytację w jednym. Byłam już kilka razy pasażerem na motorze, ale żaden kierowca nie prowadził swojej maszyny tak płynnie i z takim wyczuciem jak Ty. Pyszną kolację we włoskiej pizzerii i domowe spaghetti ugotowane przez Ciebie. To bardzo miłe, że poprosiłeś swojego kolegę, aby pokazał nam kawałek Bolonii. Dziękuję, że mogłam poznać Twoich znajomych z fundacji. Do dzisiaj czuję ten wiatr we włosach i swój uśmiech na twarzy podczas naszego szalonego rajdu na hulajnodze. Byliśmy wtedy tak radośni i beztroscy. Przyznasz, że jak na pierwszy raz, doskonale sobie radziliśmy we dwójkę na jednoosobowej hulajnodze. Naprawdę dobrana z nas para. Pomijając kilka wpadek: prawie zniszczoną bramę garażową, plagę serduszek na balkonie i to, że całą noc uparcie spałam na Twojej połowie łóżka i że nie wiem, dlaczego nie masz suszarki do włosów – uznaję ten czas za szczęśliwy i nie mogę się doczekać powtórki.

Jednak największym prezentem urodzinowym, który od Ciebie dostałam, to Twoje słowa: „Jesteś moją dziewczyną" i „kocham cię" oraz Twoja reakcja, gdy powiedziałam, że ja kocham Ciebie. W tym momencie ścisnąłeś moją dłoń tak mocno i na Twojej twarzy pojawił się taki szczęśliwy uśmiech, że nie potrzebne były żadne słowa.

Czuję się szczęśliwa, gdy się do mnie śmiejesz. Uwielbiam, jak na mnie patrzysz. Twoje *„Hi sweety"* i *„Hi honey"* są tak słodkie jak włoskie czekoladowe lody.

Bardzo mi się podobasz. Tęsknię za dotykiem Twoich dłoni i tuleniem się w Twoich ramionach. Uwielbiam, gdy dotykasz mnie niby przypadkiem – gdy otwierasz mi drzwi samochodu, gdy nakładasz mi kask i kładziesz swoją rękę na moim kolanie podczas jazdy motorem. Podnieca mnie Twój owłosiony tors, chcę wtopić swoje uda w Twoje. Uwielbiam całe Twoje ciało. Kochając się z Tobą, przeżywam prawdziwą ekstazę. Chciałabym więcej i więcej, i więcej…

Przy Tobie czuję taki spokój i wewnętrzną ciszę, że nie potrzebuję słów. Nie muszę nic mówić. Pragnę tylko być z Tobą, tu i teraz. Twoja energia mnie otula, a tembr Twojego głosu jest dla mnie jak cudna muzyka. Bawi mnie Twoje poczucie humoru. Inspirują mnie Twoje pasje i zainteresowania. Jestem szczęśliwa, leżąc przy Tobie leniwie na kanapie. Relaksują mnie spacery z Tobą i wspólne oglądanie meczów rugby. Uwielbiam patrzeć, jak gotujesz, jak nakrywasz stół do kolacji, jak układasz dokładnie swoje rzeczy w garażu. Jestem z Ciebie dumna, że tak bezinteresownie potrafisz pomagać ludziom, jak pomogłeś tej zapłakanej dziewczynie z Marconi Express. Jesteś uroczym i ciepłym mężczyzną o wielkim sercu.

Dla mnie nie jesteś jednym z wielu mężczyzn. Dla mnie jesteś wyjątkowy.

Ponieważ jest mi z Tobą tak dobrze, chciałam dać nam szansę na rozwój naszej znajomości. Chciałam latać do Ciebie nawet co 2–3 tygodnie, aby zrobić nam przyjemność. To na pewno byłby fajny czas dla nas, czas na odrobinę relaksu, którego każdy z nas potrzebuje, i na to, abyśmy się lepiej poznali.

Nie szukam męża, nie potrzebuję od mężczyzny jego pieniędzy i mieszkania. Nie szukam sponsora. Szukam partnera, z którym będę spędzać nasze wolne weekendy, celebrować z nim najważniejsze dni w naszym życiu i jeździć z nim na normalne wakacje. Pragnę dzielić z nim część swoich pasji, chodzić na spacery i słuchać muzyki. Chcę widzieć, jaki jest szczęśliwy, gdy może się realizować. Chciałabym, aby u mego boku stał mężczyzna, z którym będziemy się wspierać i wspólnie cieszyć się życiem. Chcę widzieć w jego oczach radość z naszych spotkań, czuć jego zainteresowanie mną i moim życiem i czuć, że tęskni za mną.

Jestem bardzo ciekawa, czego Ty chcesz. To dla mnie wielka tajemnica. Jeszcze nigdy o tym nie rozmawialiśmy. Jestem pewna, że mogłabym Cię lepiej zrozumieć, gdybym wiedziała, czego szukasz i czego oczekujesz. Jakiej relacji z kobietą potrzebujesz i co oznacza dla Ciebie „bycie parą". Chciałabym, abyśmy mogli szczerze porozmawiać o Twoich potrzebach, o tym, co jest dla Ciebie ważne. Jak wyobrażasz sobie swoje relacje ze mną i gdzie jest moje miejsce w Twoim życiu… To Twoje prawo. Nikt nie może Ci narzucać, jak masz żyć. Twoja szczerość da mi szansę na odniesienie się do tej sytuacji i na podjęcie świadomej decyzji.

To byłoby wspaniałe, gdybyśmy z pełnym zaufaniem nie tylko mogli, ale i chcieli pisać do siebie i rozmawiać ze sobą otwarcie o tym, co czujemy, jakie emocje nam towarzyszą, czego się boimy, co nas denerwuje, a co uszczęśliwia.

Gdybyś opowiedział mi o tym wszystkim, mogłabym pozbyć się lęku i niepewności, które są we mnie.

Nie chcę udawać, że wszystko jest w porządku, tak jak nie mogłam udawać, że wróciłam do Polski z uśmiechem na ustach. Płakałam na lotnisku, w samolocie i w pociągu, którym wracałam do Warszawy. Łzy jak grochy spływały mi po twarzy. Byłam jeszcze bardziej zapłakana niż ta biedna dziewczyna z Marconi Express. Wielu pasażerów pytało mnie, co się stało i czy mogą mi w jakiś sposób pomóc. Młody chłopak w pociągu powiedział do mnie: „Proszę się nie martwić, wszystko będzie dobrze".

I taka jestem, Kochany. Mam emocje i nie chcę ich ukrywać. Chcę mówić o swoich obawach. Chowanie emocji doprowadza do wycofania lub złości, a na tym nie wyrośnie żadna relacja.

Tak, boję się. Czego? Boje się, że Cię stracę, dlatego że Cię nie znam. Bardzo łatwo jest zgubić drogę w labiryncie domysłów i przypuszczeń. W utrzymaniu balansu nie pomagają niedopowiedzenia i tajemnice.

Jesteś dla mnie wielką tajemnicą. Mówisz mi, że tęsknisz za mną, że jestem dla Ciebie ważna, a są dni, kiedy prawie się ze mną nie kontaktujesz. Mówisz, że jestem Twoją dziewczyną, a nie dzwonisz do mnie i nie piszesz. Chciałabym, abyś wiedział, że takie zachowanie wzbudza we mnie wątpliwości, czy ja Tobie w ogóle jestem w życiu potrzebna. Nie wiem, czy to wynika z Twojej natury? Może nie masz do mnie zaufania? Może też się boisz?

Jest mi trudno, gdy nie znam Twoich oczekiwań i potrzeb. Nie wiem, co mam myśleć, gdy wysyłam do Ciebie wiadomości, a Ty nie reagujesz. Często zastanawiam się wtedy, czy to, co robię, w ogóle Cię interesuje. Gdy nie mówisz mi nic o sobie i o nic nie pytasz, zastanawiam się nad tym, czy zauważyłbyś, gdybym zniknęła.

Może odpowiesz mi: „*Please, no, honey*", może uznasz to za histerię i brak dojrzałości z mojej strony, ale piszę to, co czuję.

A może wystarczyłaby szczera rozmowa, abym mogła mówić, pisać i robić to, co czuję? Może Ty także chciałbyś mnie o coś zapytać? Może też masz swoje wątpliwości, które nie pozwalają, abyś otworzył się przede mną? Może oboje jesteśmy pogrążeni w swoich wątpliwościach? Może oboje schowaliśmy się w swoje skorupy i jak dwustuletnie żółwie leżymy bez ruchu na plaży, czekając na przypływ?

Wątpliwości rodzą się, gdy mówisz mi, że jesteś z synem i nie możesz do mnie pisać. Nie będę robić scen zazdrości, bo nie mają one sensu, ale Twoje znikanie w weekendy wygląda na spotkania z kobietą, a nie z synem. Znikasz w piątek popołudniu i milczysz.

Nie wiem, z kim spędzasz weekendy. Może to jest Twój syn, może Paola – która wydzwaniała do Ciebie podczas mojego pobytu w Bolonii – a może jeszcze ktoś inny… Tajemnice rodzą się wtedy, gdy widzę, jak reagujesz, gdy telefon dzwoni i dzwoni, i dzwoni, a Ty nie chcesz go odebrać, ale wiesz, że musisz i nie możesz albo nie chcesz powiedzieć: „Hej. Jestem w Bolonii z Iwoną i jemy kolację", tylko wychodzisz do innego pokoju, żeby porozmawiać.

Tajemnice rodzą się wtedy, gdy mówisz mi, że mnie kochasz, że tęsknisz za mną i że jestem dla Ciebie ważna, a nie odpowiadasz na moją propozycję przyjazdu w grudniu.

Niekiedy mam wrażenie, że swoim zachowaniem chcesz mnie sprowokować do tego, abym powiedziała: „Fulvio, nie czuję się dla Ciebie ważna, nie czuję się przez Ciebie szanowana. To koniec".

Kochany, napisałam to, co czuję, w nadziei, że to nam pomoże. Jeżeli nie masz ochoty, nie musisz mi nic wyjaśniać.

Doskonale rozumiem, że moja wolność kończy się tam, gdzie zaczyna się Twoja.

Ten list nigdy nie dotarł do Bolonii.

„Dlaczego?" – zapytasz.

Sama nie wiem. Napisałam krótszą wiadomość, na którą otrzymałam następującą odpowiedź:

Dzień dobry słodka

Dziękuję za Twoją wiadomość. Nie mam sekretów.
Nie ma nikogo między nami. Nie mam żadnej innej
relacji z wyjątkiem tej z Tobą. To jest tylko bardzo
trudny moment w mojej pracy i w moim życiu,
w którym mam bardzo dużo do zrobienia. To była
przyjemność spędzić czas z Tobą. To będzie dla mnie
zawsze przyjemność być z Tobą. Dzwoń do mnie,
jeśli chcesz. Jestem teraz w domu. Całuję.

Myślę, że paradoksem naszych relacji jest to, że o ile bardzo łatwo jest nam oddawać szacunek obcym osobom, to już dużo trudniej przychodzi nam to z tymi, którzy są najbliżej nas.

Gdy masz wrażenie, że ktoś ciebie nie szanuje, to co to oznacza?

Czy pokazuje ci to, że nie dajesz się szanować, czy wręcz przeciwnie – daje ci dobitnie znać, że masz problem z brakiem szacunku do innych?

Gdy Fulvio mówi, że zadzwoni rano, to jego rano to nie jest moje rano. Czy ja chciałabym rozmawiać na poważne tematy o 6:00? No ja mogłabym o każdej porze – to jeszcze mój stary syndrom korporacyjnego robota i chęć przypodobania się wszystkim, bez względu na to, jakie koszty muszę ponieść. Dzisiaj już wiem, że rano powinnam się skupić na swoich rytuałach: gimnastyka, śniadanie i przygotowanie do pracy, a nie na poważnych polsko-włoskich rozmowach.

Nie mogę wymagać od ludzi, aby na zawołanie rzucali wszystko i odpowiadali na moje pytania.

Nie mierz ludzi swoją miarą. Każdy ma prawo mieć swoje plany i własne sposoby ich realizacji.

Właśnie przed chwilą mogłam poczuć, jak to jest być pod presją odpowiedzi. Napisała do mnie moja wspólniczka i zarzuciła mnie ponad dziesięcioma wiadomościami. Zarzuciła? Tak. Po raz pierwszy poczułam taką presję.

Ja nogami jeszcze w domu, ale głową już w pracy, staram się ogarnąć śniadanie, spakować laptopa i nie zapomnieć ładowarki, pamiętać o telefonie, notesie i okularach, bez których nie jestem już w stanie pracować. Ha, ha. Ona z głową w kreacji siedzi w bujanym fotelu i pisze.

Gdybym nie poczuła dyskomfortu, rzuciłabym wszystko i zaczęłabym odpowiadać na jej pytania. Oczywiście spóźniłabym się do pracy albo nie zjadałabym śniadania. Dlaczego? Bo musiałabym odpalić laptopa, przeanalizować tematy, o które pyta, i udzielić sensownej odpowiedzi.

Co zrobiłam tym razem?

Dyskomfort, który przyszedł do mnie, w samą porę uświadomił mi, że presja nas usztywnia i często wywołuje zdenerwowanie, a nawet irytację. Od razu przed moimi oczami ujrzałam postać Fulvio, „biegającego" nerwowo na sygnał mojej wiadomości.

Pamiętam, jak kiedyś powiedziałam do niego z pretensją:

– Nie napisałeś mi nawet dzisiaj „dzień dobry".

– Tak, bo ja od 6:00 już pracuję.

– Tak, ale to jedno „dzień dobry" zajęłoby ci zaledwie pięć sekund.

– *Honey*, ale na te pięć sekund, ja muszę się całkowicie odciąć od mojej pracy, zresetować się, żeby być w tym, co do ciebie piszę, i to już nie jest pięć sekund.

Jaka jest moja nauka, pytasz?

Zbalansowani ludzie odpowiadają wtedy, gdy mają na to czas. Nie mogę już dłużej tak reagować! Muszę dać sobie i innym szansę na to, aby zastanowić się nad odpowiedzią, aby nie odpowiadać przed zakończeniem pytania, aby nie odpowiadać automatyczne. Nie muszę odpowiadać od razu.

Brak jednego esemesa, gdy go potrzebuję, nie może mi zepsuć radości z życia i z wszystkiego, co przeżyłam. Jeden fakt nie może przyćmić tej całej radości z innych rzeczy. To, że ktoś nie robi tego, czego ja chcę, nie oznacza, że mnie nie szanuje. Po prostu ma swoją przestrzeń.

Lekcja, którą odebrałam: **Daj prawo do życia na własnych zasadach – sobie i innym.**

Lekcja, którą Ty odebrałaś:

. . . .

. . . .

. . . .

. . . .

. . . .

. . . .

. . . .

. . . .

. . . .

. . . .

. . . . *Szacunek*

PROSIŁAM O TO?

– Moja droga, chciałabym, abyś popatrzyła na to. Abyś przyjrzała się temu dokładnie. Fulvio przyszedł do ciebie z energią zajęcia się swoimi sprawami. Wszechświat postawił na twojej drodze mężczyznę, który jest niezależny. Mężczyznę, który jest zbalansowany, który wie, czego chce i to robi, który jest „w swoim". On ci pokazuje wszystkie energie i uczucia, o które prosiłaś. Gdy spojrzysz na niego, widzisz:

- wolność,
- niezależność,
- zajęcie się swoimi sprawami.

Pamiętasz, jak prosiłaś wszechświat, żeby spotkać mężczyznę, którego będziesz kochała? Prosiłaś także o mężczyznę, który pozwoli ci na niezależność. Chciałaś sama kreować swoje życie i brać odpowiedzialność za swoje decyzje. Kilka tygodni temu powiedziałaś, że chcesz mieć czas na otwarcie swojej firmy i kreację. Marzyłaś o tym, aby mieć także przestrzeń dla siebie i swojego rozwoju.

Z niedowierzaniem obserwowałam, jak słowa Julii układają się w jedną spójną całość i tworzą święcący przed moimi oczami neon z napisem: „WOLNOŚĆ". Tymczasem Julia mówiła dalej:

– Teraz możesz to wszystko mieć. Ten mężczyzna ofiarowuje ci wolność, a dodatkowo, w bonusie, daje ci obietnicę radości, bo jesteś pewna, że zawsze, gdy się spotkacie, będziesz czuła radość. Kochana, dostajesz to, o co prosiłaś!

Nastała chwila ciszy.

Prosiłam? Skanuję w pośpiechu swoje myśli i prośby, które wypowiadałam przez ostatnie miesiące.

O kurczę! Tak, to prawda! W głowie wybrzmiały mi moje słowa wypowiedziane w lipcu. Boże, ja tak bardzo chciałabym móc z przyjemnością patrzeć na swojego faceta. O niczym innym nie marzę, tylko o tym, aby z miłością patrzeć mu w oczy.

No i mam. Fulvio – cud-chłopak, w którego mogę wpatrywać się godzinami, który tak mnie hipnotyzuje, że cokolwiek by zrobił – a właściwie w jego przypadku, to czegokolwiek by nie zrobił, bo przecież on bardzo mało robi, żeby nie powiedzieć, że nic. To ja się na niego nie gniewam albo gniewam się tylko chwilkę. Myślę o nim z czułością i jestem pełna wyrozumiałości.

– Nie jest lekko, ale jestem przeogromnie wdzięczna za te wszystkie przeżycia. Tak naprawdę, to nie chcę mężczyzny, który będzie na mnie cały dzień „wisiał”. Nie chcę być jego niańką, mamą czy też pomocą domową.

– No właśnie – wtórowała mi Julia.

– Mam swoje hobby, lubię spędzać czas ze swoimi przyjaciółmi i dobrze jest mi także samej ze sobą. Myślę, że superpartner dla mnie to mężczyzna samodzielny i mający także swoje hobby i swoje życie. Teoretycznie mój Włoch jest idealny. Moglibyśmy wspólnie spędzać wakacje i odwiedzać się co jakiś czas w Polsce lub we Włoszech. Przy nim mogłabym być kobietą niezależną. Brakuje mi tylko… No właśnie… o ile w teorii wszystko super się składa, to w praktyce jest już różnie. Szczególnie wtedy, gdy jesteś zakochana. Zakochanie jest piękne, ale nie jest łatwe. W zakochaniu jestem naga, bo bardziej wrażliwa na wszystkie emocje. Jest to tym trudniejsze, gdy zakochasz się w kimś, kto jest daleko od ciebie i chociaż byś chciała, nie możesz się z nim spotkać. Wówczas jest cię w stanie wybić z rytmu nawet brak porannego „dzień dobry". Jak to mówi moja przyjaciółka Gosia: ja „zawsze zaczynam z wysokiego C".

– Też tak uważam – wtrąciła z uśmiechem Julia.

– Więc jak terapia, to na całego, bez taryfy ulgowej i ze wszystkimi najtrudniejszymi opcjami. Ha, ha. Nie mogę jednak zaprzeczyć, że dzięki uczuciu zakochania jestem odważniejsza. To taka siła, że dzięki niej nie martwię się o nic. Nie denerwuję się na myśl o tym, że od listopada mogę nie mieć już pracy w biurze. Powiem więcej, że teraz „mi to lotto". Dzięki temu uczuciu mało co jest mnie już w stanie wystraszyć. Całkiem spokojnie „wypiję trzecią kawę", jak śpiewała Grażyna Łobaszewska… i tyle. Nigdy przedtem nie odczuwałam takiego spokoju. To nieprawdopodobne, jak uczucia mogą nas zmieniać.

– Dostałaś to, o co prosiłaś:
- Chciałaś być niezależna – jesteś.
- Chciałaś mieć czas na swoje sprawy i na kreacje – masz.

Pamiętasz, co czułaś, gdy Alessandro powiedział, że od stycznia będzie mógł przyjeżdżać do Polski i spędzać z tobą każde dwa tygodnie w miesiącu?

– Tak, jechałam wtedy do pracy, byłam zrelaksowana i wesoła i nagle on zaproponował mi swoje częste odwiedziny. To spadło na mnie naprawdę jak grom z jasnego nieba. Nie wiem dlaczego, ale byłam przerażona. Nie mogłam tego wyjaśnić, po prostu to czułam, a pierwszą moją myślą było: „O boże! Facet chce mi się z butami wpakować do mojego cudownego życia". Nie układałam tych słów wcześniej, nie planowałam. To było spontaniczne, prawdziwe.

– Prosiłaś, więc dostałaś. Dlatego teraz stań do tego i korzystaj z daru, który otrzymałaś. Rób te wszystkie rzeczy, które cię odżywiają, które zbudują twoją niezależność, a towarzystwo mężczyzny niech będzie dla ciebie miłym dodatkiem. Niespodzianką, z której będziesz się przeogromnie cieszyć. Pamiętaj, kochankowie. Świat stawia cię do własnej realizacji, do własnej twórczości i jak nie uniesiesz tego, jak po powrocie z raju nie będziesz celebrować szczęścia, to wszystko przestanie się dziać. Stań do tego, aby ustalać kolejny wyjazd. Nie na zasadzie „bo ja chcę", tylko na zasadzie niespodzianki od losu. Posłuchaj: ktoś pyta „za ile możemy się spotkać?", a druga osoba odpowiada „za trzy miesiące" i trzeba to uznać.

– Najbardziej wybija mnie stan oczekiwania:

* na jego odpowiedź,
* na jego wiadomość,
* na jego telefon.

– OCZEKIWANIE – powtórzyła dosadnie Julia. – Nie możesz być w tej energii! Energia oczekiwania jest tożsama z energią chcenia. Jak bardzo czegoś chcesz, to nigdy tego nie dostaniesz, bo ta energia jest tak potężna, że będzie przy tobie stała i stała, abyś ciągle chciała. Dlatego trzeba odpuszczać. Jedyną formą walki z energią chcenia jest odpuszczanie. Tak samo jest z oczekiwaniem. Jak zaczniesz oczekiwać, to będziesz oczekiwać wiecznie. To wydarzenie stawia cię do działania. Osadź się w rzeczywistości! Zobacz, gdzie jesteś. Możesz godzinami wpatrywać się w zdjęcia swojego ukochanego, w jego cudowne oczy. Zobacz, jaki to cud.

– Wszechświat pięknie mi pokazuje moją kolejną bardzo trudną lekcję. O ile poukładałam sobie świetnie relacje z mężczyznami, w których nie jestem zakochana, potrafię z nimi szczerze i z szacunkiem rozmawiać, jestem przy nich w swojej kobiecej mocy, o tyle Fulvio pokazuje mi, że w zakochaniu tracę swoją stabilność... Jestem pewna, że gdyby Fulvio okazywał mi tyle zainteresowania co Alessandro i do tego zaprosiłby mnie do Włoch, to rzuciłabym wszystko, co zbudowałam w Polsce, wskoczyłabym na latający dywan miłości i...

– No właśnie, i co?

– I znowu byłabym na utrzymaniu mężczyzny, znowu bez znajomości języka, w obcym kraju, zacząłby się proces powolnego chowania w skorupę swoich ambicji, pragnień i niespełnionych marzeń. Zrezygnowałabym z siebie w imię miłości? Zrezygnowałabym z miłości do siebie w imię miłości do mężczyzny? Tak, taka jestem i Fulvio pięknie mi to pokazuje. Dlatego dziękuję mu z całego serca za to, że jest taki, jaki jest. Spolegliwy i trzymający mnie na dystans. Muszę nauczyć się kochać:

- nie rezygnując z siebie,
- bez oczekiwań i wymagań,
- bez budowania wokół siebie skorupy niedostępności.

Zobacz, jaką drogę przeszłaś – mówię do siebie. – Jeszcze kilka miesięcy temu mężczyzną twojego życia mógł zostać jedynie twardo stąpający po ziemi biznesmen, który gwarantowałby ci stabilizację i bezpieczeństwo, na którego ramieniu mogłabyś się zawsze wesprzeć. Nie wiadomo kiedy zorientowałabyś się, że już nie chodzisz na warsztaty ceramiczne, bo w piątki on chce jeździć na dacze, zdradzałabyś swoje plemię na rzecz przejażdżki motorówką lub wyjazdu w góry. Czy widzisz tę zbieżność sytuacji?

Gdy pracujesz w niedzielę nad swoim prywatnym biznesem, a Karol mówi: „Nie pracuj w niedzielę, odpoczywaj, przyjdź na kolację. Ja dam ci wszystko, czego potrzebujesz".

Co czujesz, gdy on mówi do ciebie:

„Nie wybrzydzaj".

„Ja nie chcę się zakochać, zakochanie jest zbyt skomplikowane. Wystarczy mi, że będę lubił kobietę i że będzie mnie podniecać".

„Za dużo wymagasz od życia. Jesteś rozpieszczona, nie można mieć wszystkiego".

„Po co ci to zakochanie? Po co ci te miłosne uniesienia? One tylko robią zamieszanie".

„Popatrz, ja dam ci wszystko. Czego jeszcze szukasz?"

– Kto to do ciebie mówi, kochana?! To twoje dawne ego próbuje jeszcze wejść w dobrze ci znane buty. Czasami jedno słowo jest więcej warte niż tysiące.

– Gdy Fulvio napisze do mnie rano, to ja mam świetny humor na cały dzień.

– I on może mieć tak samo. Jemu na cały dzień może wystarczyć twoje jedno nagranie. Musisz się na coś zdecydować. Jeśli jesteś w nim zakochana, to zobacz, co daje ci to uczucie, i zobacz, czy chcesz z niego zrezygnować dla większej liczby wypowiedzianych słów, czy wolisz te kilka słów, ale żeby być w energii zakochania?

Te ważne pytania usłyszałam od Julii.

– Jeżeli uznasz, że jak myślisz o mężczyźnie, to oznacza, że on o tobie myśli, to musisz za tym iść i uznać to za niepodważalną prawdę. I skoro masz to odczucie kilkanaście razy dziennie, to to znaczy, że on myśli o tobie kilkanaście razy dziennie, więc jest przy tobie emocjonalnie. OK, pisze mało, mówi mało, ale myśli o tobie ciągle. Nie możesz w jednym momencie mówić, że to raz działa tak, a raz inaczej. Nie możesz tego zmieniać. Popatrz na to, ile dostałaś, i to jest ta fala, na której powinnaś płynąć. I albo chcesz to przeżyć, albo od razu to pozamykaj. Ale jeśli mogę ci coś poradzić, to powinnaś wstrzymać się z decyzją. Słuchaj tego, co ludzie do ciebie mówią, a nie tego, czego nie powiedzieli. Gdzie jest napisane, ile słów musi zostać wypowiedzianych lub napisanych, aby udowodnić, że się kocha? Nie pamiętasz już tego dwudziestoczteroletniego bełkotu, z którego nic nie wynikało? Jaka jest norma?

– Tak, to prawda. Czas z Fulvio wystrzelił mnie na zupełnie nowe tory. Zakochanie pobudziło najczulsze struny mojego serca i duszy, odkryło wrażliwość, o której nie miałam pojęcia, uruchomiło moją kreatywność i odwagę. Nawet lęki, które mu towarzyszą, nie są tak straszne, gdy mogę je zobaczyć z innej perspektywy. Jestem wdzięczna za to, że tyle się o sobie dowiedziałam i jestem bardziej świadoma tego, co jeszcze mam do przepracowania. Kocham siebie coraz bardziej. Kiedyś taka relacja by mnie spaliła. Oszalałabym i zatopiłabym się w otchłani pretensji i żalu. Teraz transformuję siebie, aby móc się cieszyć tym, co dostaję od życia.

Lekcja, którą odebrałam: **Korzystaj z tego, co dostajesz.**

Lekcja, którą Ty odebrałaś:

. . . .

. . . .

. . . .

. . . .

. . . .

. . . .

. . . .

. . . .

. . . .

. . . .

. . . .

ŻYCIE TO UNIWERSYTET

Planowane spotkanie z Gosią w sprawie mojej pierwszej książki.

– Jak się czujesz, kochana? – pyta Gosia.

– W ciele czuję się tak, jak wyglądam. Wiesz, że mam COVID. Ale w duszy i w sercu płaczę, bo chyba właśnie się zakończyła moja znajomość z Fulvio.

– Opowiedz mi o tym, proszę.

– W poniedziałek wysłałam swojemu cud-chłopakowi swoje cud-zdjęcie, które zrobiła mi moja siostra podczas naszej rozmowy na FaceTime i rozpętała się wielka burza. A właściwie to nastała grobowa cisza. Po dwóch dniach milczenia z Bolonii przyszło pytanie: „Chciałbym wiedzieć, kto jest tym szczęściarzem, z którym rozmawiasz na FaceTime i który robi ci zdjęcia?". Zgłupiałam zupełnie, nie wiedziałam, o co chodzi. Po chwili otrzymałam swoje zdjęcie z zieloną strzałką wskazującą na okienko mojego rozmówcy. No tak, już wiem. Mój Włoch jest przekonany, że tak jak z nim, na FaceTime rozmawiam także z innymi mężczyznami. Nie bierze w ogóle pod uwagę tego, że to może być ktoś inny niż kolejny facet. Z drugiej strony zaskakujące jest to, że mężczyzna, który potrafi nie odzywać się do mnie trzy dni, jest o mnie zazdrosny.

– No tak. Ale ma do tego prawo i może! Ma prawo być zazdrosny o kobietę, która powiedziała mu, że go kocha. Ma prawo czuć się odrzucony i oszukany przez kobietę, która tęskni za nim, a spotyka się z innym mężczyzną. Ma prawo do wszystkiego, bo odczuwa.

– Próbuję się do niego dodzwonić, aby wyjaśnić tę sytuację, ale on, w energiach swojej urażonej godności, miłosnego zawodu i niespodziewanego odrzucenia, nie odbiera. Nagrałam więc wiadomość wyjaśniającą całą tę sytuację, która została bez odpowiedzi.

– Jakie masz teraz emocje? – pyta Gosia.

– Z jednej strony coś mi mówi, że to się tak nie skończy, bo to jest głupie, ale z drugiej strony mam lęk, że wszystko jest możliwe.

– A ten lęk, to z czym jest związany?

– Z tym, że stracę mężczyznę, którego kocham, do którego tak bardzo mnie ciągnie, że żaden inny nie jest w stanie mnie zainteresować. Że utracę miłość.

– Co tam jest oprócz lęku? – kontynuuje swoje pytania Gosia.

– Poczucie winy, że wysłałam to zdjęcie, że tego nie przewidziałam.

– Kochana, a co dobrego wynika z tego, że mu to wysłałaś? Bo po tym wszystkim, co już przepracowałaś, wiesz, że to nie jest przypadek, że to się musiało wydarzyć. To już wiesz, prawda?

– Tak, wiem, że to nie jest zbieg okoliczności. A to, co się dobrego wydarzyło, to może to, że po raz pierwszy szczerze i bez obaw powiedziałam Fulvio o wszystkich moich odczuciach. Powiedziałam mu to, czego bałam się powiedzieć, bo nie chciałam go przytłoczyć i na nim zawisnąć. Na nagraniu wyjaśniłam mu sytuację ze zdjęciem i dodałam, że jest to zwykłe nieporozumienie. Ponieważ on nadal nie reagował, wysłałam kolejne nagranie:

Codziennie rano czekam na wiadomość od ciebie, codziennie wieczorem czekam na wiadomość od ciebie. Tęsknię za tobą i kocham cię, wiesz o tym. Chciałam przylecieć do ciebie w listopadzie, chcę przylecieć do ciebie w grudniu, powiedziałam ci, że jestem skłonna przylatywać co trzy tygodnie, bo chcę być z tobą, a nie dlatego, że mam innego faceta. *Fuck.* Jeżeli dobrze pamiętasz, chciałam umieścić nasze zdjęcie na FB, bo nie mam żadnych tajemnic. Mój chłopak z Bolonii nie jest dla mnie problemem. Wszyscy moi przyjaciele i rodzina wiedzą o tobie. Wszyscy moi znajomi wiedzą, że chcę z tobą spędzić sylwestra i że czekam, ciągle czekam na twoje zaproszenie.

Chcę jeszcze powiedzieć: Nie rób ze mnie dziwki! Robiłam z tobą wiele rzeczy, dlatego że cię kocham, a nie dlatego że jestem dziwką. OK, czasami jestem szalona i mam pomysły typowej blondynki, ale nie traktuj mnie jak dziwki. Mam pięćdziesiąt cztery lata i mam swoje zasady. Powiedz mi, kiedy mogę przylecieć do Włoch? Czekam na to. Zakochałam się w tobie od pierwszego wejrzenia wtedy w Bolonii, na pierwszej randce. To uczucie do ciebie mnie uskrzydla i daje mi szczęście. Tak, czasami jestem smutna, bo nie masz czasu do mnie zadzwonić i napisać, bo zawsze jesteś bardzo zajęty. Więc ja cicho czekam. Czekam, kiedy będziesz miał więcej czasu dla mnie, czekam, bo nie chcę ci przeszkadzać, bo twoja sytuacja jest inna niż moja.

Ja jestem wolna! Jestem wolną kobietą. Tak, jestem wolną kobietą, ale mam chłopaka w Bolonii. Tęsknię i kocham, i nie jestem dziwką.

Mogę sobie tylko wyobrazić, jaki szok przeżyłeś, gdy pomyślałeś o tym, że cię zdradzam. Domyślam się, jaki ból odczuwałeś, ale najgorszą rzeczą, jaką możemy zrobić jest, wiedząc, że to było nieporozumienie, nie rozmawiać o tym.

– Co jeszcze dobrego z tego wyniknie?

– Może to, że go bardziej poznam? – dukam pod nosem.

– Dobrze, a co dobrego może się wydarzyć w trakcie jego poznawania?

– To, że się bardziej do siebie zbliżymy. Pod warunkiem, że on się odobrazi.

– A jeżeli obraził się na śmierć?

– To oznacza, że to nie jest facet dla mnie.

– No właśnie, kochana… Wszechświat daje ci szansę na to, abyś mogła spojrzeć na Fulvio nie tylko oczami zakochania, ale i rozsądnie, żeby zobaczyć, że on nie jest tylko cudowny, wspaniały, ale również jest zazdrosny, obraża się i wkurza. Bo jest po prostu człowiekiem. Ten etap realnego poznawania ukochanego jest jednym z etapów zakochania. Każda para powinna go przejść… Wszechświat rzucił ci do stóp to, nad czym możesz pracować. Myślę, że to twoja dusza intuicyjnie prosiła o taką sytuację, aby albo was do siebie zbliżyć, albo żeby was ostatecznie rozłączyć. Twoja dusza czuje, jakie jest to dla ciebie trudne i męczące, gdy tak naprawdę nie wiesz, na czym stoisz. To jest cudowne, co się wydarzyło, i wydarzyło się w idealnym momencie. Twoja choroba, to nieporozumienie ze zdjęciem i jego reakcja. Jakaś mała wojna była potrzebna, aby ten związek rozerwać lub umocnić. Jakie wysokie jest poczucie twojego lęku, że stracisz Fulvio? W skali do dziesięciu.

– Dziesięć! – odpowiadam. – Na przykład dzisiaj rano miałam wrażenie, że ja tej książki nie skończę.

– No właśnie! Życie cię testuje.

– Ja dzisiaj, gdy napisał do mnie Fulvio, robiłam korekty tekstu i gdy przeczytałam jego wiadomość, pomyślałam: „Ja pieprzę. To ja teraz powinnam tę książkę wyrzucić do kosza? Przecież ja w niej piszę takie rzeczy, że jak on jest taki obrażalski, a ta książka trafi kiedyś do jego rąk, to będzie koniec". I tak patrzę na te litery i mówię: „O nie! Ja tę książkę na pewno wydam!".

* * *

Trzeci dzień kwarantanny i przechodzę kryzys. Fulvio obiecał, że zadzwoni do mnie jutro. Tylko że jutro nie nadeszło. Zachrypłym głosem nagrałam wiadomość:

Gosiu, pytasz mnie, jak się czuję? Bardzo tęsknię. Ta choroba  odarła mnie z sił i wprowadziła mnie w niezły dół. Utraciłam całą dotychczasową pewność siebie. Przed chwilą kolejny już raz przyłapałam się na myślach, żeby zostawić tę książkę i jej nie pisać. To jest nieprawdopodobne. W głowie huczą mi: „To nie ma sensu! Kto to będzie czytał? To jest dziecinada pisać o swoim życiu, tylko się ośmieszysz!".

Ale to wszystko jest podszyte Fulvio. Ja to widzę. Jak on do mnie pisze, to mam energię, a jak nie pisze – to ja po prostu gasnę. No ja muszę… chciałabym znaleźć jakiś sposób na to, żeby nie być już na takim rollercoasterze. On wczoraj do mnie zadzwonił i ja miałam taki *fun*. Dzisiaj jest zupełnie bez kontaktu, a ja od razu czuję spadek i mam doła. Powiem ci, że jakoś muszę sobie poradzić, ale to jest dla mnie naprawdę trudne. To jest mocne. Ja to czuję. To moje uzależnienie od jego uwagi. Jego kontakt ze mną, nawet jedno głupie „*buongiorno*" daje mi spokój. Bez tego nie jestem w stanie funkcjonować. Także nie wiem, może mi coś, kochana, poradzisz? Bo ja już tak długo nie wytrzymam". (Płaczę). Widzę, jak opadam z sił. Po prostu opadam z sił. Wróciły te wszystkie katastroficzne myśli, że on mnie zostawi i tak dalej, że mnie już nie chce. Już byłam tak daleko w swojej terapii, a właściwie, to myślałam, że tak dużo już przerobiłam, i już wydawało mi się, że mam do jego zachowania dystans. A dzisiaj widzę, że nie mam żadnego dystansu i że mi się to tylko wydawało. Znowu przyszedł wszechświat i pokazał mi, gdzie jestem. Mój dystans spaceruje na prerii, a ja jestem w Warszawie. Dzisiaj właśnie zobaczyłam, gdzie jest mój dystans do niego. Nie mam żadnego dystansu. Wystarczy, że on jeden dzień milczy, a mój dystans po prostu się rozpada na kawałki. Takie są dzisiaj moje emocje…

Iwonka, to – co się teraz dzieje z Fulvio – to jest w tej całej książce najważniejsze!

Popatrz!

Zakochanie.

Czym jest zakochanie? Już wiesz, że zakochujemy się wtedy, gdy mamy coś przepracować i pójść jeszcze bardziej w kierunku zakochania się w sobie. Ale druga część zakochania to chemia. Gdy masz do mężczyzny tak silny pociąg, że nie wyobrażasz sobie życia bez niego, to znak, że zakochanie działa już na ciebie jak narkotyk. A dlaczego uważam, że to, co się teraz dzieje, jest najważniejsze?

Pamiętasz, jak kiedyś powiedziałaś, że związki partnerskie pokazują nam prawdę o sobie? Ta sytuacja, która się teraz dzieje, jest piękna. Pamiętasz, jak czułaś się kompletnym zerem i niczym po rozstaniu z eks? I teraz twoje życie zatoczyło koło. Już myślałaś, że sobie ze wszystkim poradziłaś, a tu klapa. Znowu wpadłaś w przestrzeń ciemności, rozpaczy i narkotyku. To tak jak alkoholik, który aby wyjść z nałogu, musi niekiedy przejść kilka terapii. I ty, kochana, masz teraz jakby powrót do przeszłości. Gdy Fulvio się do ciebie nie odezwie, to twoje życie przestaje mieć sens.

To jest idealny narkotyk, ale on nie jest prawdziwy, bo przecież wiesz, że jak nie on, to będzie ktoś inny. A nawet jak nie będzie nikogo, to ty dalej będziesz żyć szczęśliwym życiem.

Co teraz należy zrobić? To samo, co zrobiłaś po rozstaniu w marcu. Zobacz, jaka jest prawda na ten temat. Prawda jest taka, że część twojego zakochania jest chemicznym narkotykiem, z którego trzeba się wyzwolić. A potem można już kochać dalej. Możesz go kochać przez całe życie, możecie być nadal razem, a może on miał cię doprowadzić tylko do tego punktu i tutaj jego rola się skończyła?

Zadaj sobie pytanie: co mam teraz zrobić, żeby wyzwolić się od tego narkotyku i być w pełni wolną od tego uzależnienia? Poproś anioły, aby ci pomogły. Sprawdź szczerze, mocno i konkretnie te nieprawdziwe myśli, które odpalają się pod wpływem narkotyku, i zapisz je.

Zatrzymuję nagranie, biorę kartkę, długopis i piszę:

- *Już nigdy nie znajdę prawdziwej miłości.*
- *To jest jedyny mężczyzna, którego jestem w stanie pokochać.*
- *Tylko on da mi rozkosz i zakochanie.*
- *Z nikim innym nie będzie mi tak dobrze.*
- *Gdy odejdzie, utracę zdolność do kochania.*
- *Bez niego nie będę już nigdy czuła takiej radości z życia.*
- *Bez niego utracę to wszystko, co przepracowałam.*
- *Bez niego będę niekompletna.*

Wracam do nagrania, zdając sobie sprawę z tego, że każde z tych zdań może być tak samo prawdziwe, jak irracjonalne. Tymczasem słyszę głos Gosi:

A teraz zobacz, jaka jest prawda w kwestii tych myśli? 

To jest najwartościowszy element w twojej terapii. Znowu pojawił się narkotyk. Ta toksyczność nie wypływa z Fulvio, tylko z twojej głowy!

* * *

– Co chciałabyś, aby się teraz podziało z tymi wszystkimi emocjami, które masz do Fulvio? Chcesz go nadal kochać na spokojnie? Czy coś innego?

– Chcę nauczyć się kochać go na spokojnie! Bo tylko ta opcja pokaże mi, że mój odwyk jest możliwy. Jeżeli sobie z tym nie poradzę w trakcie swojego uzależnienia, to kiedy? Myślę, że gdy odpuszczę i porzucę walkę, to kolejne zakochanie skończy się tak samo. Najlepsza opcja dla mnie to przezwyciężenie nałogu, gdy jest on żywy. W sytuacji, w której mam tak zwany „głód", a nie, gdy rozstanę się z Fulvio. Po rozstaniu powiedziałabym sobie: „O, jestem wolna od nałogu!". No tak. Byłabym wolna, bo się odkochałam, a nie dlatego, że potrafię radzić sobie ze swoim uzależnieniem.

– Moja droga, to kolejny etap twojej drogi. Napisz *future script*, rób *tapping* i medytuj tak, jak to robiłaś w marcu.

FUTURE SCRIPT

Jestem wdzięczna za to, że mogę kochać Fulvio z lekkością.
Jestem wdzięczna za to, że jestem wolną i trzeźwą kobietą.
Jestem wdzięczna za to, że mój związek z Fulvio jest dojrzały i zbalansowany i jest źródłem radości, i daje mi moc.
Jestem wdzięczna za to, że potrafię kochać, dojrzale i głęboko.
Jestem szczęśliwa w każdym wymiarze życia z Fulvio.
Moje szczęście jest przeogromne bez względu na to,
czy on jest blisko mnie, czy w oddaleniu.
To się już stało. To się już stało. To się już stało. To się już stało.

– Jesteś na uniwersytecie, a teraz czas na to, abyś została docentem.

Lekcja, którą odebrałam: **Życie to ciągła nauka.**

Lekcja, którą Ty odebrałaś:

. . . .

. . . .

. . . .

. . . .

. . . .

. . . .

. . . .

. . . .

. . . .

. . . .

. . . . *Życie to uniwersytet*

. . . .

PO CO?

Podczas kolejnej rozmowy Gosia zapytała:

– Kochana, powiedz mi tak z serca: po co ty piszesz tę książkę?

W odpowiedzi wymieniłam kilka rzeczy:
- Żeby poradzić sobie z tęsknotą za mężczyzną.
- Żeby nie wchodzić w emocje złości i obrazy.
- Żeby opisać wszystkie moje emocje towarzyszące mi w zakochaniu.
- Żeby opisać moją drogę w terapii w okresie zakochania.

– To jest pewne. Ta książka nie powstałaby, gdyby w moim życiu nie pojawił się Fulvio. Bolesna część zakochania odkryła we mnie talent pisarski.

– Dlaczego ją piszesz?

– Dlatego, że uruchomiły się we mnie takie rzeczy, o których nie miałam pojęcia, że są moimi problemami. W tym czasie:
- Pojednałam się z moim tatą.
- Odzyskałam szacunek do mężczyzn.
- Odzyskałam szacunek do ludzi.
- Odkryłam, jaką trudność sprawia mi bycie cierpliwą.
- Poznałam swoje największe lęki.
- Weszłam w energię nieustraszoności.
- Mam odwagę robić to, co czuję.
- Odzyskałam skrzydła.

Pozwoliłam sobie na to, aby relacja z Fulvio mnie rozciągnęła. Gdy wydaje mi się, że osiągnęłam już granice swoich możliwości, to on jeszcze bardziej podkręca śrubkę i okazuje się, że mogę więcej. Jestem ciekawa, ile jeszcze mogę, będąc w energii zakochania, i obserwuję to.

– Dlaczego chcesz ją wydać?

– W najpiękniejszych nawet snach nie podejrzewałam, że napiszę książkę. To miał być tylko dziennik, w którym opisuję swoją terapię – wyjaśniam. – Teraz, gdy już wiem, że to może być książka, chcę się nią podzielić, aby kobiety:

- pokochały siebie,
- były dumne ze swojej kobiecości,
- bez lęku pokazywały swoją seksualność,
- mówiły to, co czują i czego pragną,
- odrzuciły stare, ograniczające zabobony,
- obaliły mit „mnie nie wypada”,
- uzyskały poczucie wolności,
- odzyskały nadzieję na to, że zakochanie po pięćdziesiątce jest możliwe, bez względu na to, jak się zakończy,
- dały sobie pozwolenie na nowe życie,
- do pokonania lęku używały odwagi,
- uszanowały każdy związek, w który wchodzą,
- w każdym momencie pozwalały sobie na cudowne życie,
- celebrowały życie poprzez emocje, bo to one dają nam poczucie, że żyjemy,
- pozwalały sobie na przeżywanie.

– To jest bardzo ciekawe. Ja uważam, że zmiany, które zaszły w tobie podczas zakochania w Fulvio, to jest przede wszystkim twoja praca, a on ma w tym jedynie mały udział.

– Może masz rację, a może się mylisz. Ja czuję ogromną wdzięczność do niego. Mam nadzieję, że kobiety, które przeczytają moją książkę, zauważą, że zakochania można używać do rozciągania siebie, do obserwacji i do rozwoju. Nie musi się ono skończyć zatopieniem w energii odtrącenia, złości i wzajemnych pretensji, z hasłem na ustach: „Już nigdy więcej się nie zakocham i nie zaufam żadnemu facetowi! Wszyscy faceci to świnie!".

– No właśnie. To byłoby cudowne, móc zaczynać kolejny związek z otwartym i czystym sercem. Proces twojej transformacji zaczął się już jakiś czas temu. Uruchomiło go porzucenie, po którym chciałaś popełnić samobójstwo. Potem przeszłaś terapię pokochania siebie z Alessandro. A teraz nadeszło zakochanie w Fulvio, którego użyłaś z pełną świadomością do dalszej transformacji siebie. Ktoś inny na twoim miejscu już dawno by to porzucił. Powiedziałby: „Ile można czekać na telefon od faceta? Nie chcesz ze mną rozmawiać? Spadaj!". A ty się nie poddałaś. Ty każdego elementu pojawiającego się w tym związku używałaś do własnej transformacji. Do tego stopnia, że tak mocno zaczęłaś czuć miłość i szacunek:

- do mężczyzn,
- do ludzi,
- do siebie,
- do świata,
- do życia.

– Moje życie od marca jest jak wielki dar. Jestem tak bardzo wdzięczna za to wszystko, co miałam możliwość przeżyć i doświadczyć.

– Terapeuci mówią, że sukcesem do szczęścia każdego z nas jest miłość do samego siebie. Tak, zgadzam się z tym. Chciałabym jednak dodać, że nie jesteśmy w stanie prawdziwie pokochać siebie, bez uszanowania wszystkich ludzi.

– Po swoim rozstaniu w marcu bardzo szybko nabrałam sił i odzyskałam moc… Byłam pewna, że złapałam Pana Boga za nogi, że teraz nic mnie już nie zatrzyma, że jestem silna, wyzwolona i nikogo nie potrzebuję. Tymczasem dopiero związek z Alessandro pokazał mi, że wyobrażać sobie można dużo, ale to, gdzie naprawdę jesteś, jest ci w stanie pokazać tylko druga osoba. To dopiero po rozstaniu z Alessandro czułam się naprawdę wolną i wyzwoloną kobietą. Związek z nim mnie uskrzydlił, dał mi odwagę i zbudowałam w nim swoją niezależność.

– Tak, pamiętam, jak każdego dnia rozkwitałaś. Jak twoje ciało nabierało kobiecych kształtów, a twoja twarz promieniała.

– Gdy życie postawiło na mojej drodze Fulvio, myślałam znowu: „Jestem bogiem, wszystko mam przepracowane, nic mnie już nie zaskoczy". I zobacz, bogiem byłam do momentu, w którym on przez jeden dzień nie odzywał się do mnie. Wtedy moja boskość wyparowała. Pomyślałam wtedy: „Ten mężczyzna pokazuje mi, ile mam jeszcze pracy przed sobą". Pamiętam to jak dzisiaj. Moim pierwszym pytaniem, jakie sobie zadałam, gdy ujrzałam Fulvio i zakochałam się w nim od pierwszego wejrzenia, było: „Czego ten facet ma mnie nauczyć?". My, bez siebie nawzajem, nie jesteśmy w stanie siebie poznać i prawdziwie pokochać.

– O czym jest ta książka?

– O transformującej mocy związków. Każdy związek, który pojawia się na naszej drodze, ma wielką moc transformowania nas.

– Jeżeli tylko podejdziemy do drugiego człowieka świadomie, odpowiedzialnie i z miłością, to mamy szansę na poznanie i pokochanie siebie.

– O różnych twarzach miłości, które pogłębiają się, uzdrawiają się i mają szansę się ugruntować w momencie, kiedy zaczniesz od tej najważniejszej: od miłości do siebie.

– Dopóki nie osiągniesz tego stanu lub dopóki nie wejdziesz na tę drogę, to wszystkie twoje związki mogą być toksyczne, wyczerpujące i łamiące serce.

WDZIĘCZNOŚĆ

Jestem taka wdzięczna! Dzieją się takie cuda!

Spotkałam Monikę, założyłyśmy firmę, rozkręciłyśmy wszystko i nagle przyszło do mnie pisanie. Kiedyś uwielbiałam pisać, ale się zniechęciłam, bo wszystkie moje wypracowania szkolne były za długie. Poloniści mówili do mnie: „Iwona, skróć to, to jest za długie, to nie jest książka, tylko wypracowanie. Musisz to jakoś ścieśnić". Więc ścieśniałam, aby dostosować wszystko do ogólnie panujących zasad i norm. Potem pisałam pamiętniki, ale niestety kiedyś przyłapałam moją mamę na tym, jak je czyta, więc przestałam pisać.

Jak to się stało, że jednak do tego wróciłam?

Jeden z wielu samotnych wieczorów bez kontaktu z Fulvio, gdy bardzo za nim tęsknię i napływają do mnie takie cudowne myśli, takie emocje zakochania i nostalgii połączone ze szczęściem uwielbienia i wdzięczności za to, że go mam. Z drugiej strony czuję smutek, że nie mogę się do niego przytulić, że nie mogę poczuć tego, co zawsze, gdy trzyma mnie w swoich ramionach. Skroluję nasze konwersacje na WhatsAppie, odsłuchując wszystkie nasze nagrania i oglądając zdjęcia. To jest jak prawdziwa uczta. Karmię się chwilami szczęścia, które od niego otrzymałam, i przypominam sobie słowa Julii: „Nie czekaj, działaj".

I w głowie świta mi pomysł: *Kochany, napiszę do ciebie wiersz. Będę pisać do ciebie wiersze i publikować je na FB. Ty nie będziesz nawet wiedział, że one są do ciebie. To będzie moja słodka tajemnica.* Otwieram komputer, odpalam Word i piszę pierwsze wersy: „Jedno spojrzenie…”. Ani się spostrzegłam, jak wiersz przeistacza się w prozę. Piszę automatycznie, z serca, piszę o tym, co czuję tu i teraz. Pisanie daje mi spokój i ukojenie.

Po kilku dniach w mojej głowie zatliła się myśl o książce i czuję nieodpartą potrzebę podzielenia się tym tekstem. *Do kogo napisać?*, myślę i od razu przed moimi oczami pojawia się Gosia. Nagrywam jej jeden z roboczych rozdziałów i czekam.

Po kilku minutach, z odległego Londynu przychodzi feedback:

Iwonka! *Oh, my god!* Dziękuję bardzo, że się tym ze mną podzieliłaś. Wiesz, kochana, ty masz taką niesamowitą lekkość pisania. Ty takie normalne przeciętne życie pokazujesz w tak cudowny sposób. Mam wrażenie, jak ciebie słucham, że życie jest piękne. Dziękuję ci! Czuję się zaszczycona. Kocham cię.

Kolejnego dnia dzwonię do swojego byłego chłopaka (z czasów, gdy oboje mieliśmy po dwadzieścia lat), Marka, a obecnie mojego przyjaciela i pytam:

– Kochany, masz chwilę? Chciałabym ci coś przeczytać.

– Nie ma sprawy, kochana. Właśnie jestem w samochodzie i wracam po pracy do domu. Mam czas.

Zatopiłam się w lekturze, a gdy skończyłam, po drugiej stronie słuchawki zapanowała cisza.

– Halo, jesteś tam? – pytam nieśmiało.

– Tak, jestem. Iwonka, to cudowne. Wyobraź sobie, że jak zaczęłaś czytać, byłem pewien, że kupiłaś ciekawą książkę i chciałem nawet zapytać o jej tytuł. Po chwili, gdy fakty z książki zaczęły splatać się z wydarzeniami z twojego życia, pomyślałem, że to nieprawdopodobne, że trafiłaś na książkę o sobie, o swoim życiu. A czym dłużej czytałaś, z tym większym niedowierzaniem myślałem: „O kurczę, to jest jej dzieło!". Pisz, kochana, ale proszę, nagrywaj także to, co piszesz, bo ciebie się cudownie słucha.

Po tym, co usłyszałam, łzy napłynęły mi do oczu i poczułam, że wreszcie jestem na swoim miejscu.

Zdałam sobie sprawę, jak cudowne jest wszystko to, co się wokół mnie dzieje. Jak małymi, niekiedy bolesnymi krokami idę w kierunku, o którym nie miałam pojęcia i nie marzyłam nawet w najpiękniejszych snach. Nigdy nie podejrzewałam, że będę pisać książki i że ktoś będzie chciał je czytać.

Jestem wdzięczna za ten dar przelewania na papier swoich myśli i emocji.

Jestem wdzięczna za to, że to się dzieje, pomimo że tego nie planowałam.

Moja nowa droga powstaje jak układanka puzzli, zebrana z niby chaotycznie porozrzucanych i niepasujących do siebie kawałków. Gdy siedząc na dywanie, patrzyłam na ten kolorowy bałagan, nic nie widziałam. Gdy wstałam i spojrzałam z góry – doznałam olśnienia.

To jest cud! To są cuda, które się dzieją, gdy się rozmrozisz i otworzysz się na miłość i odczuwanie.

Jestem wdzięczna Ani Ewie Suskiej za to, że podjęła się zorganizowania Mentoringu dla Kobiet, w którego pierwszej edycji brałam udział. Pamiętam, jak jeszcze będąc w związku, próbowałam odnaleźć swoje powołanie i sens życia. Moja droga Mentorko – te wszystkie łzy rozpaczy, smutku i beznadziei, wylane podczas odrabiania zadań domowych, były zaczątkiem topnienia mojego lodowca.

Jestem wdzięczna mojemu eks za to, że wtedy w marcu odważył się mnie zostawić. Mój drogi, to dzięki twojej decyzji zakończył się nasz toksyczny taniec, bo ja nigdy bym się na to nie odważyła. Gdyby nie ty, nie otrzymałabym w darze drugiego życia.

Jestem wdzięczna Gosi Gornej, której terapia odwiodła mnie od podjęcia najgorszej życiowej decyzji, o jakiej kiedykolwiek pomyślałam. Gosiu, jesteś wielka. Jestem wdzięczna za miesiące wspólnej pracy, które pokazały mi, że największą wartością w życiu jest miłość. Pamiętasz, jak w marcu powiedziałaś mi, że napiszę książkę? Ja w to nie wierzyłam. Mówiłaś mi także, że moje książki będą czytane przez kobiety i będą dawały im nadzieję na miłość i radość życia, że będę się spotykała z kobietami i inspirowała je do zmiany myślenia i działania. I to się już stało, kochana. To się już stało. To jej zawdzięczam to, że żyję, i opiszę to w następnej książce.

Jestem przeogromnie wdzięczna Alessandro, mojemu pierwszemu włoskiemu chłopakowi, który obudził we mnie kobiecość, przy którym po raz pierwszy w życiu czułam się jak milion dolarów i dzień po dniu rozkwitałam. Dziękuję, mój drogi przyjacielu. Przy tobie pokochałam siebie.

Odkąd rozpoczęła się moja przemiana, dzieje się wiele cudownych rzeczy. Na przykład moja przyjaciółka, Dorotka Kasprzyk z grupy Mentoring Kobiet, pyta mnie:

– Dziewczyno, co ty robisz? Nie widzę cię miesiąc, a u ciebie dzieje się tyle nowych rzeczy. Jak ty to robisz?

A ja spokojnie odpowiadam:

– Najwspanialsze, kochana, jest to, że ja nic nie robię. To wszystko samo do mnie przychodzi, a ja tylko od tego nie uciekam. Ja nic nie planuję! To los stawia na mojej drodze te wszystkie osoby, a za nimi kolejne zmiany. Ja w tym tylko z ufnością uczestniczę i patrzę, jak z nowego rozdania talii kart układa się piękny pasjans.

Jestem wdzięczna, że na mojej drodze wszechświat postawił terapeutkę Julię Szczepaniszyn, dzięki której odkrywam kolejne „demony" w szafie zwanej życiem i która dała mi odwagę do zakochania się.

Kochana, dziękuję za tak głęboką i duchową terapię miłością i uszanowaniem drugiego człowieka.

Jestem wdzięczna wszystkim, którzy pojawili się w moim starym i nowym życiu, bez względu na to, czy wpadli tu tylko na chwilę, czy pozostali na dłużej. W szczególności dziękuję wszystkim mężczyznom, dzięki którym mogę sprawdzać, gdzie jestem.

Ta książka nigdy by nie powstała, gdyby latem tego roku w moim życiu nie pojawił się cud-mężczyzna Fulvio.

Baby! Jestem ci przeogromnie wdzięczna za to, że jesteś w moim życiu i pozwoliłeś mi się zakochać.

Jesteś moim natchnieniem. Dziękuję!

Jestem wdzięczna za nieograniczoną miłość, którą widzę w głębi twoich oczu i która otula mnie jak miękki puchaty obłok. Dziękuję za to, że codziennie stawiasz mnie do przeżywania głębokich emocji, a to rozmraża mnie jeszcze głębiej i głębiej. Kochany, jesteś dla mnie wielkim darem.

Jestem wdzięczna za to, że tak dzielnie realizujesz plan wszechświata dla mnie i że tak umiejętnie i z gracją grasz mi na nerwach. Czapka z głowy, Fulvio, że dajesz radę i codziennie stajesz w służbie, aby moje talenty mogły się wreszcie objawić. Szkoda, że nie zdajesz sobie sprawy z tego, jakim zdolnym terapeutą jesteś.

Kochany, jesteś ojcem tej książki. To nasze wspólne dziecko.

Przepełniona miłością – *Sweety*.

Jestem przeogromnie wdzięczna wszechświatowi za możliwość odczuwania miłości, która ma wielką moc.

Kochana moja, jestem wdzięczna tobie za to, że zdecydowałaś się popłynąć za wabiącym Cię *flow*, chociaż nie znałaś celu podróży.

Lekcja, którą odebrałam: **Wdzięczność to klucz do szczęścia.**

Lekcja, którą Ty odebrałaś:

OD CZYTELNICZEK
I CZYTELNIKÓW

Moja Czytelniczka – istota taka jak Ja.
Mój Czytelnik – istota taka jak Ja.

Iwonko, muszę Ci powiedzieć, że jesteś dla mnie inspiracją, moja droga. Bo ja też przechodziłam przez taki moment po rozstaniu z partnerem, w którym dopadły mnie demony i mówiły: „Masz pięćdziesiąt dwa lata, kto cię weźmie z takimi zmarszczkami na twarzy? Kto cię pokocha? Kto będzie chciał babkę, która przechodzi przez menopauzę? Kto cię będzie chciał? Wszyscy jako tacy faceci są od ciebie młodsi, mają żony, dzieci, są poustawiani, a ty dostaniesz jakiegoś grubego i łysego dupka. To już lepiej być samemu".

Gdy patrzę na Ciebie, odzyskuję nadzieję na uniesienie, na zakochanie i na poczucie się na nowo kobietą. Obserwowanie Twojej transformacji jest dla mnie ogromnym darem. Nigdy nie podejrzewałam, że będę świadkiem Twojej tak spektakularnej przemiany w pięknego Anioła.

G.

Iwona, rozmowy z Tobą są czymś więcej niż tylko miłym spędzaniem czasu. Są jak rozmowy z sercem, które wyjaśnia nam rzeczy dla nas trudne do zrozumienia. Jesteś niesamowita. Jesteś dla mnie wielkim prezentem.

Monika

Twoja książka przekracza opowiadanie zwykłej historii. To jest jak rozmowa z przyjaciółką, jak słuchanie kobiety takiej jak ja. Czasami silnej, a z drugiej strony delikatnej i wrażliwej na najmniejszy nawet podmuch wiatru życia. Ta książka uruchomiła we mnie wiele procesów. Kazała mi pochylić się nad moim stosunkiem do ludzi, a w szczególności do mężczyzn. Zobaczyłam w nich na nowo istoty tak samo zagubione i potrzebujące miłości jak my. To, jak pięknie opisujesz Twoją bliskość z Fulvio, jak szczerze dzielisz się swoimi doznaniami i z jaką miłością mówisz o trudnościach – jest dla mnie odkrywcze.

Zawsze mówiłam, że najpiękniejsze historie pisze samo życie.

Aleksandra

Czy trzepot skrzydeł motyla może zmienić świat?

Ta książka jest jak dotyk motyla, który przywołuje uśmiech, rozbudza delikatność i uwalnia dotąd niewypowiedziane szczęście. Rozbudza też pragnienie czegoś więcej.

Ja głęboko wierzę, że świat można zmienić tylko w jeden sposób – zaczynając od siebie. Jeśli więc czujesz, że już czas rozbudzić w sobie wrażliwość, nabrać apetytu na życie i stanąć w pełni swojej kobiecej mocy, to polecam opowieść Iwony o jej życiu i transformacji z zakutej w kokon własnych ograniczeń larwy do pięknego motyla, który zachwyca i inspiruje innych.

A.

Książka Iwony przypomniała mi, że jest wielki świat doznań, zmysłów i kobiecej energii, na który się zamknęłam, a który cały czas czeka na mnie i bez którego moje życie nie jest pełne. Kolejne rozdziały były jak dotyk motyla w letni, lipcowy dzień, który przywołuje uśmiech i wywołuje poczucie szczęścia oraz wrażenie, że życie może być magiczne. Rozbudziła ona we mnie delikatność i uwolniła dotąd niewypowiedziane, chowające się w okaleczonych zakamarkach duszy pragnienia. Dzięki opowieści Iwony o jej życiu, ja nabrałam apetytu na życie i zaczęłam stawać w pełni mojej kobiecej mocy.

Aldona Oklińska
trener samorozwoju

Jestem bardzo wdzięczna, że zaufałaś mi i podzieliłaś się ze mną swoją książką, zanim ujrzała światło dzienne. To, co czułam podczas jej lektury, było dla mnie bardzo poruszające. Czułam te emocje w moim ciele. Dla mnie była to mieszanka wzruszenia, tęsknoty, podziwu oraz lekka nuta zazdrości. Podziwiam Cię i jednocześnie nieco zazdroszczę, że dałaś sobie przestrzeń i wolność na przeżycie i opisanie swoich emocji, uczuć, namiętności. Podziwiam za gotowość i odwagę zakochania się w mężczyźnie, z wszystkimi tego konsekwencjami. Mnie odwagi na budowanie relacji z mężczyzną nadal brakuje. Jestem już dość świadomą siebie kobietą. Poznałam wiele swoich lęków, deficytów i pracuję z nimi od dłuższego czasu. Jednak nadal obawiam się odrzucenia. Wiem, że jest to moja ogromna blokada, ale nie znalazłam jeszcze sposobu na uwolnienie się od niej... Podziwiam, że masz w sobie gotowość do budowania relacji z mężczyzną, doświadczania tego, co piękne i trudne w byciu z drugim człowiekiem.

Mam dla Ciebie ogromny podziw, że masz w sobie gotowość do stanięcia w prawdzie.

Julita

Odważna i uważna. Odkrywając siebie – bez woalek, makijażu i masek – pokazuje, jak wchłaniać całą sobą otaczający świat. Jak świadomie czując siebie, można ekscytująco płynąć po monotonnym oceanie codzienności dzięki subtelnościom napotykanych chwil.

Zabawna i lekka, z pozoru niespostrzeżenie w nas wsiąka i jakby uzdrawia, stawiając lustro, w którym możemy się przejrzeć. Pytanie, jak bardzo odważnie chcemy spojrzeć na siebie w ukochaniu?

Pochłaniająca, wciągająca i niepokojąco szczera.

Monika

Kochana Iwonko, w pierwszych słowach mego listu pragnę Cię najserdeczniej pozdrowić, przytulić. Tak bardzo wzruszyłaś mnie Twoją opowieścią! Twoje życiowe *story* zmieniło się z klasycznej *life story*, w *tragic story*, abyś na końcu mogła przeżyć swoje najcudowniejsze *love story*. *Never give up* – jak mówią. Nigdy się nie poddawaj! To takie banalne i proste przesłanie, tylko jak trudno to zrobić w swoich ciężkich chwilach życia!!! A Ty, jak feniks z popiołów, jak kobieta-siłaczka wzniosłaś się na skrzydłach Anioła do swojego szczęścia. Brawo! Dziękuję również za Twoje zaufanie, kiedy czytałaś to mnie jako jednemu z pierwszych – Twoje miłosne historie, transformacje życiowe, inspirujące innych zdarzenia z prawdziwego życia kobiety. Zrobiło to na mnie olbrzymie, inspirujące wrażenie. Twoje pióro jest lekkie, swobodne, ale trafia w punkt, w sedno sprawy. Porusza serce, emocje, wzrusza do łez. To już nie jest tylko Twoja historia. To już jest Twoja misja! A teraz płyń po morzach i oceanach ludzkich serc i chwal imię polskiej kobiety!

Marek Klepacki

Kochana Iwonko, dziękuję za to, że chociaż miałaś słabsze chwile, wydałaś tę książkę. Jestem Ci przeogromnie wdzięczna za to, że tak szczerze i otwarcie opowiedziałaś o naszym zakochaniu w Fulvio oraz o tym, co ono ze sobą przyniosło. Jestem z Ciebie bardzo dumna i mam nadzieję, że dzięki Tobie tysiące kobiet uwierzą, że życie nie zawsze jest łatwe, ale i tak jest piękne. Zróbmy wszystko, aby związek z mężczyzną zamiast warunkiem, był dla Ciebie cudnym dodatkiem do ciekawego i inspirującego życia.

Pamiętaj. Wszystko, co wartościowe, masz w sobie. Jesteś zajebistą babką! To dla mnie ogromny zaszczyt być Tobą.

Iwona Kulwicka

JAK TO WSZYSTKO DZIAŁA?

ZAKOCHANIE

Jesteśmy tu po to, aby w pełni doświadczyć naszego najwyższego potencjału i odrobić wszystkie lekcje, które zbliżą nas bardziej do naszej prawdziwej natury – do stania się miłością.

Wszystko, co nie jest miłością, zostanie nam pokazane i otrzymamy wybór, co z tym dalej zrobić. Będziemy stawiani w różnych sytuacjach, w których będziemy się uczyć: jak kochać, czym jest toksyczna, a czym dojrzała, zdrowa i zbalansowana miłość.

* * *

Nasze dusze przyciągają się nawzajem, aby doświadczyć różnych lekcji i uczyć się miłości w różnych odsłonach. Często spotykamy ludzi z innych wcieleń, aby dokończyć pewne karmiczne zobowiązania i mamy wtedy wrażenie, że znamy kogoś już od wieków (bo często może tak być). Jakkolwiek potoczy się związek, dobrze jest zawsze zaczynać i kończyć go z szacunkiem i miłością, aby rozpuszczać nasze karmiczne zobowiązania.

Czasami doświadczamy miłości, która jest pełna pasji, wzlotów i upadków, która jest jak narkotyk, który uzależnia i pompuje w nasz system hormony wyglądające jak wielka miłość. To szalone zakochanie może być również uzależnieniem i odzwierciedleniem ran, które czekają na nasze uzdrowienie. Są to często rany odrzucanego dziecka, które czuje się niewystarczające i zrobiłoby wszystko, aby w końcu czuć bezwarunkową miłość i ukojenie.

Przez całe życie doświadczymy miłości w różnych formach. Miłości do rodziców, do dzieci, zakochania się do szaleństwa, dojrzałej miłości do partnera. Cały czas, w głębi, najbardziej pragniemy kochać i być kochanymi. To uczucie nadaje sens naszemu istnieniu i daje nam poczucie szczęścia i radości.

Najważniejszym rodzajem miłości jest ta, która wszystko zmienia. To miłość do samego siebie.

Bez niej możemy spędzić całe życie na wiecznym szukaniu kogoś, kto zapełni nam naszą wewnętrzną dziurę. Kogoś, kto w końcu zabierze nam to poczucie jakiegoś nieokreślonego braku, uczucie głodu, tęsknoty za tym, czego nigdy sobie nie daliśmy – czyli bezwarunkową miłość, szacunek i troskę.

Kiedy będziemy obarczać partnera obowiązkiem zapełnienia nam luki miłości, całkowitej akceptacji i zapewnienia wszystkich naszych potrzeb – których sami nawet nie jesteśmy świadomi – to taki związek jest skazany na szybki koniec. To jest nasza odpowiedzialność, aby zadbać o siebie, o swoje potrzeby i pragnienia. Kiedy nauczymy się dbać o nasze wewnętrzne dziecko i weźmiemy pełną odpowiedzialność za to, aby czuć się dobrze, to wtedy mamy większą szansę na związek, który jest bardziej dojrzały, szczęśliwy i długotrwały. Który nas buduje, karmi i w którym jest odpowiednia ilość przestrzeni na bycie razem i bycie osobno, zależnie od potrzeb każdego z partnerów.

Do tego miejsca – pełnego akceptacji, szacunku i miłości do siebie – dochodzimy przy pomocy doświadczania związków z innymi ludźmi. Dzięki nim poznajemy siebie i dowiadujemy się, kim tak naprawdę jesteśmy. Doświadczamy naszego cienia, naszej ciemnej strony, która czeka cierpliwie na naszą uwagę i miłość. W związkach odkrywamy, czego pragniemy, co jest dla nas dobre, a co nas wypala. Jak chcemy być dotykani, co z nami rezonuje i daje nam radość.

Uczymy się, co nas wzmacnia, a co odbiera nam siły. Dowiadujemy się, co się dzieje, kiedy kogoś tak kochamy, że zatracamy siebie i przestajemy istnieć i zauważać swoje własne potrzeby. Związek miłosny to niesamowity taniec, który może wnieść w nasze życie cudowne lekcje. Najważniejsze jest jednak, abyśmy wzięli odpowiedzialność za swoją część, którą tworzymy świadomie i nieświadomie.

Każdy z nas jest tutaj, aby odrobić swoje lekcje. Jesteśmy tutaj, aby nauczyć się, kim jesteśmy – aby iść dalej po drabinie naszego samorozwoju.

Momenty zakochania to punkty zwrotne, kiedy wszystko może się zmienić – zależnie od tego, jaki mamy kontrakt z duszą danej osoby i jakie lekcje do odrobienia.

W tych momentach wszechświat zaprasza nas do tańca, który może być piękny, jeśli pozwolimy sobie być w ciele, sercu i zadbać zarówno o siebie, jak i o drugą osobę. Taniec wymaga odpuszczenia i uważności. Podążania za sercem i wsłuchania się w ciało – swoje oraz drugiej osoby.

Kiedy wchodzimy w nowy związek, to warto pamiętać, że…

NARKOTYK

Na początku zakochanie jest jak narkotyk i możemy przez jakiś czas nie myśleć racjonalnie i logicznie.

W czasie zakochania możemy doświadczyć zmian chemicznych, które mają na nasz mózg bardzo duży wpływ. Kiedy związek nie idzie po naszej myśli lub partner nas zostawia, wydaje się nam, że jest to absolutny koniec świata.

Im lepiej rozumiesz, co się dzieje w twoim ciele chemicznie, tym szybciej będziesz mogła wyjść z sytuacji, w której stan rozpaczy może wydawać nam się nie do przeżycia. Kiedy się zakochujesz, to wytwarzają się substancje, które prowadzą do czasowego zaćmienia mózgu.

W strukturze oraz działaniu zakochanie jest podobne do amfetaminy – ma właściwości odurzające, wywołuje uczucie euforii, radości, podniecenia i pewność siebie zakochanej osoby. Z drugiej strony powoduje bezsenność, niepokój, zaburzenia łaknienia, brak tchu i koncentracji oraz przyspieszenie bicia serca. Adrenalina reguluje wydzielanie w mózgu innych neuroprzekaźników związanych z emocjami: noradrenaliny, dopaminy i serotoniny, wpływa też na uwalnianie β-endorfiny, czyli opioidowego peptydu odpowiedzialnego za odczuwanie przyjemności i zapewniającego błogostan.

Noradrenalina (NA)

Produkowana jest w mózgu i komórkach nerwowych rdzenia kręgowego, jednak głównym miejscem jej powstawania jest rdzeń nadnerczy. Powoduje wzrost ciśnienia i siły skurczu mięśnia sercowego, rozszerzenie źrenic. Noradrenalina wywołuje podniecenie, euforię i przypływ dobrej energii. Przyspiesza bicie serca, podnosi ciśnienie krwi oraz powoduje czerwienienie się na widok ukochanej osoby.

Dopamina

Dopamina oraz układ nagrody pełnią ważną rolę w tworzeniu więzi pomiędzy partnerami. Ten neuroprzekaźnik jest bardzo istotny w powstawaniu uczucia przynależności oraz miłości między dwojgiem ludzi. Uwalnianie dopaminy pobudzane jest przez dotyk, wzrasta podczas seksu i przeżywania orgazmu. Nadmiar dopaminy może być przyczyną uzależnienia emocjonalnego od innych, co w konsekwencji może prowadzić do powstawania toksycznych związków.

Uważa się, że działanie dopaminy jest do tego stopnia przyjemne, że jej spadek przy bolesnym rozstaniu jest dla naszego mózgu jak zespół odstawienny.

Serotonina (5-hydroksytryptamina, 5-HT)
Gdy poziom dopaminy rośnie, gwałtownie zmniejsza się w mózgu ilość serotoniny. Normalnie odpowiada ona za zdrowy sen i poczucie spokoju, za zachowania impulsywne i potrzeby seksualne. Jej niedobory powodują ogólne rozkojarzenie i brak koncentracji. Zakochana osoba robi się zdezorientowana i popada w skrajne nastroje, mogą się pojawić stany depresyjne i agresywne zachowania.

UWAŻAJ ZE STAWIANIEM PARTNERA NA PIEDESTALE

Każdy, kogo stawiasz za wysoko, kiedyś z tego miejsca może spaść. Warto mieć zbalansowany wgląd w daną osobę – jakie ma zalety, ale i wady. Kiedy masz zbalansowane postrzeganie danej osoby, jest większa szansa na długotrwały związek.

Jeśli widzisz same zalety, to nie jest to rzeczywisty obraz danej osoby.

Często pytaj siebie, jak się czujesz, czego potrzebujesz w tym momencie – od siebie a także od drugiego człowieka. Naucz się komunikować swoje potrzeby i pytać, czego potrzebuje druga osoba.

Zadbaj o to, aby dbać o siebie i robić to, co czujesz w sercu, że jest dla ciebie dobre. Nie oczekuj, że druga osoba da ci poczucie bezpieczeństwa lub będzie twoim jedynym źródłem szczęścia i radości.

Kiedy zaczynasz swojego partnera często krytykować, to zobacz, co twojego odbija się w tym lustrze. Nad czym czas popracować w sobie…

Mów drugiej osobie o tym, za co jesteś jej wdzięczna, i również o tym, czego potrzebujesz.

Pokochaj siebie bardziej i dbaj o swoje uczucie radości. Jeśli nie jesteś w związku, to będąc szczęśliwą kobietą, łatwiej przyciągniesz kogoś, z kim będziesz jeszcze szczęśliwsza.

Gosia Gorna
coach informacyjny,
autorka książki „The Expansion Game”

OCZAMI MĘŻCZYZNY

„Ochrona przebudzonej kobiety w obecności mężczyzny jest największym zwierciadłem tego, gdzie On naprawdę jest w swojej duchowej podróży.

Nie oznacza to, że mężczyzna jest zależny od kobiety, aby osiągnąć wysoki poziom świadomości, oznacza to jednak, że boska kobiecość jest największym i najsurowszym lustrem tego, w którym miejscu naprawdę znajduje się w jego podróży".

Bartek Stefański, „Medycyna Życia"

Niezależnie od tego, czy chcesz spać z kobietą, poślubić kobietę, czy stworzyć głęboki związek, to się nie powiedzie, jeśli nie będzie się czuła bezpieczna. Bezpieczeństwo jest najważniejszą cechą, jaką możesz zaoferować kobiecie, ponieważ pozwala jej poczuć się w pełni z tobą i swobodnie odkrywać swoją boską, kobiecą naturę.

We wszystkich relacjach dynamika męska jest liderem energetycznym. Używam słowa męska, ponieważ dynamika nie wyklucza żadnej orientacji seksualnej. Kiedy dwie kobiety lub mężczyźni są razem, jedna osoba będzie bardziej zamieszkiwać biegun męski, a druga będzie działać jako biegun żeński, ponieważ wszyscy mamy w sobie energię męską i żeńską. W większości związków heteroseksualnych to mężczyzna zamieszkuje biegun męski. Jako męski partner jesteś odpowiedzialny za stworzenie bezpiecznego gruntu, w którym partnerka może rozkwitnąć i poczuć się pielęgnowana, aby ujawnić swoje pełne ja – od mrocznej i destrukcyjnej bogini po boginię światła.

Oznacza to, że masz miejsce na wszystkie jej ekspresje, nawet te, które twój umysł określa jako mniej piękne lub ponętne. Jeśli odmówisz stworzenia bezpiecznego gruntu dla swojej partnerki, twoje życie intymne zawiedzie, ponieważ nie będzie się ona czuła z tobą emocjonalnie i duchowo związana. Tylko wtedy, gdy naprawdę zamieszkujesz swój autentyczny rdzeń – czy to męski, czy kobiecy – będziesz w stanie stworzyć związek pełen błogości. To nie jest rola, którą musisz wypełnić. To twoja autentyczna natura, twój najgłębszy dar życia i miłości.

Kobiety są tłumione od lat. Przeszły przez zbiorową traumę, ponieważ nie były traktowane na równi z mężczyznami. Kobiety nazywano czarownicami, dziwkami, sukami i wieloma innymi niesmacznymi imionami, co pozostawiło głęboki ślad w naszej świadomości. Blisko 400 lat temu na stosie spalono około 50 000 osób, z czego 80% stanowiły kobiety – i to działo się w Europie. Prawie wszystkie religie tłumiły kobiecość, nawet te powszechnie uważane za „święte" lub niewinne. Mimo że w dzisiejszym świecie szczęśliwie wiele się zmieniło, wciąż toczy się walka o wynagrodzenia kobiet i mężczyzn w świecie korporacji, o prawo do decydowania o własnym ciele, a także na poziomie duchowym, ponieważ kobiecość wciąż jest tłumiona przez cień społeczeństw rządzonych głównie przez mężczyzn.

Jeśli ty, jako partner, nie masz empatii ani nie rozumiesz, skąd ona pochodzi i przez co przeszła, doświadczysz wiele cierpienia, a ona nie poczuje się bezpieczna. Kobiecie nie jest łatwo ci zaufać i nie jest łatwo jej się otworzyć w pełni do ciebie. Uznaj to, zaprowadź ją do jej pięknego serca, zachęć do otwarcia się, upewnij się, że jest bezpieczna i w pełni chroniona, a wtedy zacznie kwitnąć. Wtedy i tylko wtedy będzie mogła poddać się swojemu żeńskiemu biegunowi.

Większość mężczyzn nie wie, że kiedy kobieta poczuje się naprawdę bezpieczna, poczuje się odżywiona nieskończoną inspiracją. Kobiecość napełniła mnie celem, pasją i głębokim pragnieniem służenia światu moimi autentycznymi darami mężczyzny. Sprawienie, by czuła się bezpieczna, to podróż, która wydobędzie z was to, co najlepsze.

Jak więc sprawić, by kobieta czuła się bezpieczna? Po pierwsze musisz być w pełni obecny. „Bądź obecny" lub „bądź tu i teraz" stały się istotnymi hasłami w rozwoju osobistym i duchowej wspólnocie. Bycie obecnym nie oznacza, że jesteś oświecony lub doświadczasz odmiennych stanów świadomości. Oznacza to po prostu, że nie utknąłeś w swojej głowie, ale że jesteś w swoim ciele. Nie utknąć w głowie oznacza być świadomym swojego otoczenia, oddechu, zapachów, które wąchasz, wielu znaków, które wszechświat oferuje ci poprzez zwykłe codzienne interakcje.

Kiedy mężczyźni nie ćwiczą bycia obecnymi, zatracają się w pornografii, w klubach nocnych lub grach komputerowych. W rzeczywistości tęsknią za tym, by czuć się żywymi, czuć ich prawdę, penetrować świat swoją obecnością. Kobiety czują się bezpiecznie w towarzystwie mężczyzn, którzy są w pełni obecni. W momencie, gdy utkniesz w swojej głowie, ona to wykryje i wtedy nie będzie w stanie w pełni się na ciebie otworzyć.

Najszybszym sposobem na stanie się obecnym jest połączenie się z oddechem. Nie możesz pozostać w swojej głowie, gdy jesteś świadomy swojego oddechu. Oddychaj głęboko, wypełniaj cały brzuch podczas wdechu i oddychaj kręgosłupem podczas wydechu.

Za każdym razem, gdy zdajesz sobie sprawę, że ona nie czuje się bezpiecznie lub wydaje się zirytowana, połącz się ze swoim oddechem, zamiast próbować znaleźć rozwiązanie w swojej głowie. Twoje słowa i czyny są ważne, ale twój stan obecności ma na kobietę najgłębszy wpływ.

Największym orężem przebudzonego wojownika jest obecność i każdego dnia wyostrza ją swoim oddechem, głęboko słuchając zarówno swojej duszy, jak i wszechświata. Kiedy życie staje się wyzwaniem, wie, że jego jedynym schronieniem i tarczą jest jego ostra obecność. W chwili, gdy staje się w pełni obecny, jego miecz przecina wszelkie wątpliwości, wszelkie lęki, co pozostawia go tylko z jego autentyczną prawdą.

Możesz ćwiczyć obecność w każdej chwili swojego życia, z partnerem lub samodzielnie. Im więcej ćwiczysz bycie w momencie, kiedy jesteś sam, tym łatwiej będzie ci być obecnym z nią. Oczywiście bezpieczeństwo finansowe i fizyczne to elementy, które ceni. Jednak twoja obecność znajduje się na szczycie piramidy potrzeb. Bez niej twój intymny związek nie może być pielęgnowany i więdnie jak kwiat w ciemności.

Bartek Stefański

WYWIAD Z SIOSTRĄ

Iwona: Olu, chciałabym z Tobą przeprowadzić wywiad o mojej wielkiej transformacji, której końca nie widać. Chciałabym cofnąć się do marca tego roku i zapytać Cię – czy pamiętasz ten dzień, w którym do Ciebie zadzwoniłam i powiedziałam, że eks mnie zostawił?

Aleksandra: Tak, pamiętam dokładnie ten dzień. Bardzo się wtedy ucieszyłam. Po pierwsze, ucieszyłam się, że się ze mną skontaktowałaś. Czekałam na telefon od Ciebie, ponieważ wiedziałam już o Twojej sytuacji od naszej cioci. Zapytała mnie, czy miałam z Tobą kontakt, i powiedziała, że się martwi, bo on od Ciebie odszedł. Było mi wtedy Ciebie żal. Ale po drugie, ucieszyłam się, bo zawsze uważałam, że Ty przy nim nie jesteś sobą. Że przy nim tracisz. I wtedy sobie pomyślałam, że jeżeli mogę, to chciałabym Ci pomóc, i żebyś do mnie przyjechała. Więc jak do mnie zadzwoniłaś, to pomyślałam, że mogę spełnić ten mój plan, żeby Cię do siebie ściągnąć i mieć Cię przy sobie.

My wcześniej bardzo długo się nie widziałyśmy, kilka lat…

Tak, straciłyśmy ze sobą kontakt praktycznie całkowicie. Cóż… według mnie on w ogóle do Ciebie nie pasował. Tak jak mówię – uważałam, że Ty na tej relacji tracisz jako kobieta… I pomyślałam, że to jest „ten moment”. To jest ten moment, kiedy powinnaś się w końcu od niego uniezależnić.

A powiedz mi, jaka ja byłam przez te dwadzieścia cztery lata?

Posłużę się słowami mojego syna, Kostka, bo dobrze to obrazują. Powiedział kiedyś: „Bo ty, mamo, to jesteś jak taki ratlerek, a ciocia Iwona to jest pitbull". Kostek zawsze uważał, że Ty jesteś osobą z dużą charyzmą; że wiesz, czego chcesz; ale też, że jesteś dosyć bezkompromisowa, taka bardzo ostra. Pamiętasz, jak miałam duży problem i moje dzieci nie potrafiły sobie ze mną poradzić? Zadzwoniły wtedy do Ciebie, bo Ty byłaś dla nich ostatnią deską ratunku, żeby mną wstrząsnąć. Dla mnie Ty właśnie byłaś osobą z jednej strony bardzo mocno stojącą na ziemi, ale z drugiej – byłaś też trochę bezkompromisowa. Miałam wrażenie, że bardzo mocno upodabniałaś się do swojego faceta i przejmowałaś po części może nie tyle jego osobowość, ale poglądy. Traciłaś siebie w tym wszystkim, wiesz?

Wiem. I masz rację.

Bardzo się utożsamiałaś i nawet byłaś trochę bezwzględna. Można było na Tobie polegać, bo wszystko potrafiłaś załatwić, byłaś taka energiczna, obrotna. Ale to wszystko było pozbawione… Emocji? Pamiętam, jak do mnie przyjechałaś, gdy Kostek do Ciebie zadzwonił. Z jednej strony miałaś w sobie bardzo dużo wyrozumiałości i empatii dla mnie, ale z drugiej – byłaś taka… Zasadnicza. Wiesz, o co mi chodzi?

Tak, byłam jak robot. Zimna, zamrożona.

Tak, byłaś bardzo zamrożona. Ale zawsze mogłam na Ciebie liczyć, zawsze wiedziałam, że można na Tobie polegać. Jednak byłaś też pod bardzo dużym wpływem mężczyzny. I tak jakbyś nie wierzyła w siebie, jakby Ciebie stanowiło tylko to, co reprezentował sobą Twój facet.

A pamiętasz, co powiedziałaś, zapraszając mnie do Modeny?

Pamiętam. To było tylko kilka słów, bo nawet nie chciałam z Tobą za dużo rozmawiać. Powiedziałam Ci: „Pakuj się, przyjeżdżaj, ja Ci pokażę, jak może wyglądać prawdziwe życie".

To dlatego mnie zaprosiłaś?

Ja czułam wtedy Twój smutek, Twoją rozpacz, ale też czułam, że mogę Cię z tego wyrwać. Żebyś chociaż na chwilę poczuła właśnie takie normalne, fajne życie. Że jest możliwe inne niż takie, które znałaś przez wcześniejsze dwadzieścia cztery lata. Ja również byłam w znaczącym dla mnie okresie życia, bo przeprowadziłam się z Polski do Włoch. Bardzo potrzebowałam tej zmiany, ale dopiero będąc tutaj, zdałam sobie sprawę, jak bardzo jej potrzebowałam. Takiej kompletnej zmiany, przez którą zostałam wyrwana z jednego życia i wrzucona w inne, w którym nikogo nie znałam, również języka. Gdy do mnie zadzwoniłaś, to było już pół roku, jak tu mieszkałam, i zaczęłam wszystko bardzo chłonąć: tę nowość, te Włochy, to, że tu taka piękna wiosna się zaczynała. Czułam bardzo dużą energię i fajną siłę związane ze zmianą. I bardzo chciałam Ci to pokazać. Pomyślałam sobie, że właśnie to pozwoli Ci zmienić kompletnie perspektywę i zobaczyć, że jest inne życie. Czułam, że możesz zyskać na tym, że tutaj pobędziesz. Możesz uspokoić swoją głowę, przemyśleć trochę spraw. Że dam Ci przestrzeń na to, żebyś się nie musiała martwić. Ja też wiem, że nie lubisz być sama, że potrzebujesz ludzi. A ja, mimo że było mi dobrze samej w kontekście braku związku, to czułam też ogromną samotność i potrzebę bycia z kimś mi bliskim. Mimo że nie miałyśmy już takiego kontaktu jak kiedyś, byłaś mi bardzo bliska, więc czułam też, że to może być dobre dla Ciebie, ale i dobre dla mnie, i że będziemy mogły się na nowo do siebie zbliżyć, przez Twój pobyt tutaj.

To był świetny pomysł, siostro. Zarówno mój, że się odważyłam i zadzwoniłam do Ciebie, jak i Twój, że mnie zaprosiłaś. Tak, pamiętam też moją obawę, że nasza rozłąka była zbyt długa, abyśmy mogły się na nowo do siebie zbliżyć. Ale na szczęście pozostało to tylko obawą. A jakie zmiany w ogóle zauważyłaś we mnie od tamtego marca do teraz?

Kosmiczne. Po prostu kosmiczne! Myślę, że przerosłaś „mistrza", zakładając, że zapraszając Cię i mówiąc: „Poznasz inne życie", czułam się osobą wprowadzającą Cię w nie, czułam się Twoim mistrzem w tym temacie. Jak tutaj przyjechałaś, chciałam, żebyś zobaczyła, że można mieć inną relację z facetami. Że można się bawić z facetami, że można mieć przyjemność z relacji z nimi, że można flirtować. I powiedziałam Ci wtedy o Tinderze. Pamiętam, jaka byłaś w nim na początku nieporadna, i nigdy nie zapomnę, jak do tego podchodziłaś. Może nie jak do jeża, ale jak do jakiegoś egzaminu. Że na przykład tam będą Cię oceniać. I Twoje pytanie, czy możesz komuś na Tinderze wysłać buziaka, skoro go nie znasz. Czy nie będzie uważał, że jesteś łatwa. Tak zaczynałaś, a teraz widzę, jak bardzo się otworzyłaś na doznania, na swoją kobiecość. Zauważyłam, że częścią Twojej zmiany jest też to, że Ty się zrobiłaś fizycznie bardzo kobieca, zapuściłaś włosy, jesteś bardzo piękna. Bardzo kobieco dojrzewasz. Kiedyś nie zauważałam w Tobie tej kobiecości w środku, a teraz czuję, że nie tylko jesteś bardzo kobieca, ale też jesteś bardzo mądra. Wcześniej „tylko" wiedziałam, że jesteś mądrą kobietą, ale teraz ta mądrość emanuje z Ciebie w każdej rozmowie. Twoja transformacja bardzo mocno emanuje Twoją kobiecością, ale też pewnością siebie. Tego zamrożenia, które było kiedyś i przez które byłaś tak zamknięta w sobie, absolutnie już nie ma. Jesteś bardzo otwarta, wyrozumiała, empatyczna, kobieca. Chyba nawet powiedziałam Ci niedawno, że poznaję Cię od nowa. Tak jakbym poznawała nową osobę, którą znam całe życie.

Tak, też to czuję, kochana, i z dnia na dzień coraz bardziej zachwyca mnie to, jak bardzo można się zmienić dzięki miłości. Najpierw dzięki tej, którą otrzymasz, a potem tej, którą uczysz się dawać. Miłości, za którą idą empatia i szacunek. A pamiętasz, co mi powiedziałeś w Modenie? Że kogoś odzyskałaś.

Oczywiście. Jako dziecko byłaś dla mnie starszą siostrą, a potem życie się tak potoczyło, że jakby przejęłaś rolę mojej mamy. Jak przyjechałaś w marcu, czułam się bardziej właśnie jak w relacji z moją mamą. A potem Ci powiedziałam, że odzyskałam siostrę. Już nie byłyśmy w takiej relacji, w której czułam respekt, w której musiałam mieć szacunek, bo to relacja z „mamą", tylko że jesteśmy na tym samym poziomie. Tak, znowu poczułam, że mam siostrę. A siostrzane relacje są zupełnie inne. Relacja z mamą to przede wszystkim poczucie bezpieczeństwa. Ja przez wiele lat czułam je przy Tobie. Teraz mam poczucie zrozumienia i bliskości z osobą, która nie tylko życzy mi dobrze, ale też mnie rozumie tak, jakbym to była ja sama. Czyli ten poziom jeszcze głębszy.

Zmiana relacji między nami to dla mnie także ogromna niespodzianka i przyjemność. Niespodzianka, bo nie podejrzewałam, że kiedykolwiek będę w stanie udzielać ludziom rad z poziomu partnerskiego, a nie jako nauczyciel. Przyjemność, bo zdecydowanie bardziej wolę tę formę. Jest pozbawiona swego rodzaju wywyższania się i mówienia, co się powinno, a czego nie powinno robić. Cieszę się, że w rozmowach z ludźmi nie czuję już potrzeby mówienia: „musisz", „powinnaś", „należy". Wreszcie odzyskałam lekkość. Olu, to w takim razie kim teraz jestem dla Ciebie? Po transformacji, którą dotychczas przeszłam?

Jesteś moją najlepszą przyjaciółką, jesteś moją najlepszą siostrą. Właśnie jesteś nie tylko moją siostrą, ale i najlepszą siostrą, jaką mogłabym sobie wymarzyć. Po prostu jesteś mi najbliższą osobą. Z nikim nie mam tak zbudowanej bliskości, takiej otwartości, jaką mam z Tobą. Takiego zaufania, jakie mam do Ciebie. Do nikogo. Czasami rozmawiam z Tobą jak z lustrem, w którym mogę się przeglądać, bo Tobie ufam. Gdy rozmawiamy, to wiem, że Ty ze mną rozmawiasz bardzo obiektywnie, że nie chcesz niczego ugrać. Naprawdę czuję Twoje skupienie na mnie. Więc jesteś mi najbliższą osobą. I to się właśnie zmieniło. To znaczy już wcześniej byłaś mi bliska, bo byłaś moją rodziną, ale ja chcę być z kimś z własnej potrzeby, a nie z poczucia obowiązku. I teraz jesteś mi najbliższą osobą, bo ja tego chcę i to czuję, że jesteś mi najbliższa, a nie dlatego że jesteś moją kuzynką, że jesteś rodziną.

A na ile Twoim zdaniem na tę zmianę miało wpływ moje zakochanie?
Ja myślę, że to był proces. Uważam, że na Twoją zmianę na pewno wpłynęło rozstanie z eks i to, że Ty coś z tym zrobiłaś. Zaczęłaś się skupiać na sobie, bardzo mocno zaczęłaś sięgać po porady, konsultacje.

Masz na myśli to, że weszłam w terapię?
Weszłaś w terapię, ale też nie w taką standardową, tylko w taką związaną z energią, ze zrozumieniem siebie. Potem to wszystko ewoluowało. Myślę, że spotkanie z Fulvio bardzo przyspieszyło Twoją transformację, ale… Uważam, że przede wszystkim na Twoją zmianę wpłynęło też to, że zaczęłaś pisać tę książkę. A powodem, jakby takim zapalnikiem, że zaczęłaś to robić, był Fulvio. Więc to wszystko jest ze sobą powiązane. Ja bym tego nie rozdzielała, bo gdybyś Ty tylko była zakochana w Fulvio, to pewnie szukałabyś w terapii teraz wyjścia z tego zakochania, tego, jak sobie z nim poradzić. Wydaje mi się jednak, że nie chciałaś już szukać terapii na zewnątrz, tylko wewnątrz

siebie… Czego efektem jest ta książka. Służy Ci do tego, żeby jeszcze lepiej siebie zrozumieć, żeby przekazać coś z wewnątrz. To jest jakby kolejny puzzel w Twojej układance zmian. Więc nie potrafię powiedzieć, jaki wpływ miało Twoje zakochanie w Fulvio, bo uważam, że jest już efektem Twojej zmiany, którą przechodzisz od marca. Że Ty sobie na to zakochanie dzięki temu pozwoliłaś. A że znalazł się właśnie ten mężczyzna, w którym mogłaś się zakochać, to mogłaś iść dalej. Iść w swój rozwój, w swoją zmianę. Także nie stawiałabym Fulvio jako kluczowego momentu Twojej zmiany. On jest częścią całego procesu i był Ci w tym momencie potrzebny. Po to, żebyś się otworzyła, kompletnie odmroziła, pozwoliła sobie na to zakochanie. Myślę też, że gdyby ta relacja potoczyła się inaczej, Ty byś prawdopodobnie i tak napisała tę książkę, tylko byłaby Ci potrzebna do czegoś innego niż teraz. Poza tym uważam, że tak naprawdę ta książka nie jest potrzebna tylko Tobie. Czuję, że pisałaś ją z myślą, żeby też dać innym to, co Ty od tego marca zyskałaś. Że chciałaś się tym wszystkim podzielić. Dlatego moim zdaniem są dwie przestrzenie, w których ta książka pracuje.

Tak. To jest moja terapia, ale też chęć pomocy innym.
Tak. To Twoje podzielenie się mądrością, przemyśleniami, tym, co dostałaś przez ten krótki, ale bardzo intensywny czas. A przecież ile z nas, kobiet, staje w takiej sytuacji? Kobiet, które kochają za bardzo; kobiet, które nie potrafią sobie radzić z uczuciami; kobiet, dla których jest tylko opcja „wszystko albo nic". Jest ich mnóstwo i również uważam, że ta książka to nie jest tylko Twoja terapia, ale też pomoc dla nas, dla innych kobiet.

Mam przeogromną nadzieję, że właśnie tak zostanie odebrana. Kochana, Ty jesteś osobą, która szła ze mną ramię w ramię przy tej

transformacji. Ty ją ze mną tak naprawdę zaczęłaś i Ty będziesz ze mną w niej dalej. Bo ona się jeszcze nie skończyła. Tak naprawdę nie wiemy, kiedy to nastąpi, i prawdopodobnie będziemy również rozmawiać o tym w mojej kolejnej książce.

Mam taką nadzieję, ponieważ uważam, że powinnaś przekazywać swoją mądrość dalej. I ja tak odbieram Twoją książkę. Że w tej historii jest po prostu spisana mądrość, z której każdy może wziąć sobie tyle, ile chce. Najdroższa, jesteś dla mnie motywacją i inspiracją. Jak mam słabsze chwile, to po prostu patrzę na Twoją zmianę i sobie wtedy myślę: „Boże, jak Iwona potrafiła tyle zrobić w ciągu tego pół roku, to jak ja nawet zrobię dziesięć procent z tego, to już będę mistrzem świata". Chociażby to, że dla mnie napisanie jednego zdania, które ma sens i coś wyraża, a druga osoba, czytając je, jest w stanie to zrozumieć, to jest naprawdę wielka sztuka. A Ty napisałaś tysiące tych zdań. Widzę, jaki masz do tego zapał, jak to Cię wciągnęło. I to też jest dla mnie ogromną motywacją, takim światełkiem w tunelu. Skoro pół roku temu nikt nawet nie pomyślał o tym, że możesz pisać, a Ty kończysz właśnie książkę! Więc myślę sobie też: „Kurde, może przede mną też jest jeszcze jakaś rzecz, w którą się tak zaangażuję, tylko ja jej jeszcze nie znalazłam. Ale mogę to zrobić, tak jak zrobiłaś to Ty".

Oj tak. Ja naprawdę uwierzyłam w to, że są rzeczy, o których nam się po prostu nie śniło.

I jeszcze jedna rzecz. Moja droga, ja Cię znam od urodzenia; znałam Cię potem w dorosłym życiu; potem poznałam Ciebie z teraz, podczas transformacji; ale powiem Ci, że w tej książce odkrywam jakby kolejną Ciebie. Jeszcze bardziej Cię poznaję. Cieszę się bardzo i jestem o Ciebie spokojna. Twoja transformacja to zmiana od kobiety ogromnie uzależnionej od drugiej osoby do bardzo niezależnej. Jak każdy, masz jeszcze swoje „te dni" i „te momenty", ale bardzo się zmieniłaś. Zaczynasz być prawdziwą sobą. Taką, jaką naprawdę jesteś w środku.

Tak, choć ta zmiana trwa, bo wszystko to kwestia czasu. Potrzebujemy czasu, żeby się zmienić.
To prawda. Jednocześnie myślę, że nigdy się nie zmienimy na tyle, żeby móc powiedzieć: „Tak, to już jest koniec". Tylko ważne, żeby iść w dobrą stronę. Taką dobrą stronę dla nas. Najważniejsze, żeby dojść do takiego etapu, w którym czujemy się dobrze same ze sobą.

CO DALEJ?

To kobieta wybiera mężczyznę, aby przerobić przy nim swoje problemy i traumy.

Poniedziałek. Szósty dzień kwarantanny. Tęsknię. Fulvio nie odzywa się od soboty.

W piątek wysłałam do niego list:

> Kochany! Wiem, że jesteś zajęty i dlatego nie oczekuję natychmiastowej odpowiedzi. Nie czuję się dobrze. Nadal mam bardzo wysoką gorączkę i dziwny kaszel. Dzwoniłam do lekarza, a on powiedział mi, że mam traktować covid jak zwykłe przeziębienie, a jak zacznę mieć problemy z oddychaniem, to powinnam wezwać pogotowie. Ale to nie jest dla mnie najtrudniejsze, bo wiem, że choroba minie.
>
> Nie wiem dlaczego, ale podczas covidu czuję się psychicznie tak słaba jak nigdy wcześniej. Czuję się bardzo samotna i potrzebuję Twojego wsparcia jak nigdy dotąd. Może to efekt ostatniego nieporozumienia? Może to jeszcze coś innego? Nie wiem.
>
> Ostatnia sytuacja zdenerwowała mnie także. Zdałam sobie sprawę, że głupi przypadek mógł nas rozdzielić i mogłam stracić mężczyznę, którego tak

> bardzo kocham i z którym jestem tak blisko. Jestem bardzo zmieszana. Może moja głowa nie pracuje poprawnie?

Przypomniałam sobie, że przed moim wyjazdem do Bolonii mieliśmy takie głębokie połączenie energetyczne, że wchodziliśmy na WhatsApp i pisaliśmy do siebie w tym samym czasie. Jeszcze dwa tygodnie temu wiedziałam, kiedy on o mnie myśli i kiedy do mnie pisze. Po prostu czułam to na kilka sekund przed otrzymaniem wiadomości. Jednak tydzień temu poczułam jakby tąpnięcie. Niby nic wielkiego, ot, taki sygnał nie wiadomo skąd, że coś się zmieniło.

Napisałam więc jeszcze:

> Chciałam zapytać, czy nadal czekasz na moje „dzień dobry" codziennie rano i co się naprawdę stało? Proszę, bądź szczery. Powiedz mi. Czy potrzebujesz więcej czasu, żeby wrócić do dobrego humoru czy to jest coś jeszcze innego? Czuję, że Twoje zachowanie się zmieniło i to się stało jeszcze przed tym nieporozumieniem ze zdjęciem. Czułam to kilka dni wcześniej. Może to tylko moja wyobraźnia, a może moja intuicja, więc daj mi proszę znać. Miłego dnia.

Ta wiadomość jak wiele innych pozostała bez odpowiedzi.

Aby nie postradać zmysłów, wróciłam do starej, niestety ostatnio przeze mnie zapomnianej techniki, która przekierowuje myślenie i sprawia, że jestem w stanie oswoić się z tym, czego się obawiam.

Ta cudowna metoda to *Expansion Game* Gosi Górnej.

Posłuchaj:

Pomimo tego, że nie chcę utracić Fulvio, kocham i szanuję siebie. Pomimo tego, że tak bardzo chcę z nim być, pozwalam mu odejść, bo tak naprawdę to bardzo mnie już rozciągnął. Zrobił, co miał zrobić, a nawet jeszcze więcej, niż się spodziewałam. Pozwalam temu związkowi się zamknąć i zakończyć.

I oczekuję tego z radością.

[Weź głęboki wdech i wydech.]

Pozwalam sobie również na to, aby ten związek dopiero teraz się zaczął, abyśmy rozpoczęli bardzo szczerze i głęboko się komunikować i żeby on zobaczył, kim ja jestem naprawdę, i odkrył się również przede mną. Żeby znalazł dla mnie, dla siebie i dla swojego życia więcej czasu.

I oczekuję tego z radością.

[Głęboki wdech i wydech.]

Pozwalam sobie na to, żeby Fulvio rzeczywiście obraził się na mnie i żeby odkochał się we mnie, i spadł z mojego piedestału, i żeby pokazał mi swoją drugą stronę kogoś, kto jest ograniczony w zaufaniu, kto nie ma czasu dla siebie i dla mnie.

I oczekuję tego z radością.

[Weź głęboki wdech i wydech.]

Ale również pozwalam sobie na to, aby to się zamieniło w coś cudownego i żebyśmy znaleźli nowy sposób komunikacji. Żeby on mi ufał i żeby nastąpiła transformacja naszego związku. Żebyśmy w pełni zaczęli być sobą i zaczęli cieszyć się sobą. Abyśmy mogli pójść ponad rozciąganie i celebrować regularne spotkania.

I oczekuję tego z radością.

[Weź głęboki wdech i wydech.]

Ale również akceptuję to, jeżeli to jest koniec. Akceptuję to, że Fulvio doprowadził mnie do tych drzwi, do których miał mnie doprowadzić, i moja dusza sama to wszystko zainicjowała, żeby go uwolnić i uwolnić siebie. I pozwalam sobie na to, żeby otworzyły się kolejne, jeszcze bardziej niesamowite drzwi i żeby zadziały się cuda, których się nie spodziewałam – z Fulvio lub jeszcze z kimś innym.

I pozwalam sobie na niesamowitą radość i szczęście.

[Weź głęboki wdech i wydech.]

Pozwalam sobie również na to, aby sytuacja z Fulvio dała mi kolejną lekcję i pozwalam mu na to, żeby zrobił to, co dla niego najlepsze.

I oczekuję tego z wielką radością.

* * *

Po kilku powtórkach masz wrażenie, że już nic nie jest w stanie cię w życiu zaskoczyć. Powoli odzyskujesz wewnętrzny spokój i zaufanie do tego, że wszystko potoczy się tak, jak powinno.

Właśnie dzisiaj po raz pierwszy poczułam taki nieprawdopodobny spokój. Oczywiście tęsknię za Fulvio. Gdy przywołuję jego obraz, to przytulam go głęboko do serca i czuję wdzięczność za wszystko, co mi dał. Mam też wiele zrozumienia dla jego postępowania i… współczucia. Chociaż nie, „współczucie" nie jest dobrym słowem. Może znowu najlepsze będzie „zrozumienie". Mam też zrozumienie dla jego trudności w komunikowaniu się ze mną.

I ogarnia mnie takie miłosierdzie i jest mi tak bardzo przykro, że on się nie może zdobyć na odwagę rozmowy ze mną. Jestem taka pełna ukochania.

ROZMOWA Z DUSZĄ

Kochany Fulvio,

bardzo cię pokochałam i zakochałam się w tobie. Jestem ci bardzo wdzięczna. Dla mnie jesteś piękny, atrakcyjny i kocham być z tobą. Bardzo bym chciała kontynuować ten związek i przyjaźń, bo nie doszliśmy do pełni jego potencjału, ale szanuję każdą twoją decyzję. Ja ciebie kocham, szanuję, widzę, słyszę i błogosławię cię cudownym życiem, radością, szczęściem i zadowoleniem. Niech twoje życie będzie piękne. Celebruj je ze mną lub z kimś innym. Kocham cię.

* * *

Siódmy dzień kwarantanny, o 8:51 budzi mnie telefon.
„Kto dzwoni?" – pytasz.
Fulvio!
– *Hi, sweety…*

* * *

Kobieta obudzona?

Co mi gwarantuje spokój? Podstawą spokoju jest osiągnięcie takiego balansu, aby związek był jedynie cudownym dodatkiem do mojego życia, a nie jego jedynym sensem. Gdy osiągnę ten poziom, to każde rozstanie będę traktowała jak zakończenie pewnego cudnego etapu życia. Bez histerii, bez żalu i bez osądów. Pomyślę wówczas: „Jestem zakochana, spędzam czas z cudownym mężczyzną, jestem z nim i jestem szczęśliwa, ale gdy miłość się skończy, to przyjmę to ze spokojem!".

Wiem, nie będę się już dłużej bać,
już nie tańczę do melodii, którą znam.
Jestem wolna, już mnie porwał wiatr.
Daleko, gdzie mleko rozlewa się…

Moja wersja tekstu piosenki „I Ciebie też, bardzo"
Męskie Granie Orkiestra 2021

JAK MOŻNA ZE MNĄ WSPÓŁPRACOWAĆ

„JESTEM"

Jestem i czuję moc z tego słowa płynącą.

Jestem w tu i teraz

Jestem częścią Wszechświata

Jestem duszą w ciele i ciałem w duszy

Jestem połączeniem energii i materii

Jestem tu nie przez przypadek

Jestem tu nie bez powodu

Jestem mądrością swoich doświadczeń

Jestem potencjałem swoich uczuć i myśli

Jestem wypadkową swoich wyborów

Jestem doskonałością w swej niedoskonałości

Jestem wartością samą w sobie

Jestem już i jestem wciąż

Jestem nawet wtedy, gdy nie mam nic

Jestem nawet wtedy, gdy nikt nie zwraca na mnie uwagi

Jestem światłem w ciemności

Jestem oddechem w ciszy

Jestem twórcą swojego życia

Jestem i czuję to w swoim sercu

Jestem, bo Ty jesteś, Jesteś, bo Ja jestem

Klaudia Pingot

KIM JESTEM?

Prywatnie – szczęśliwa kobieta i matka. Wolałabym nawet określenie: szczęśliwa istota.

Nie, nie jestem spełniona, gdyż to oznaczałoby, że nie oczekuję już niczego ponad to, co przeżyłam. Ja tymczasem mam coraz większy apetyt na życie. Właśnie planuję moją pierwszą podróż do Afryki i już jestem pewna, że nie będzie ostatnią. Co będę tam robiła? Teraz jadę tam tylko turystycznie, ale właśnie dzisiaj rano zatlił się w mojej głowie nowy pomysł – nowy projekt „Afryka".

JAK TO SIĘ STAŁO?

Gdy w marcu 2021 roku dowiedziałam się, że moja dwudziestoczteroletnia relacja się skończyła i poczułam, że jestem naprawdę w czarnej dupie, poprosiłam o pomoc.

Tak! To nie było łatwe przyznać, że ta inteligentna, ładna i wykształcona Iwonka – która zawsze nad wszystkim miała kontrolę – ma problemy. Musiałam spojrzeć prawdzie w oczy i uznać, że wprawdzie zamrożenie, któremu się poddałam, aby przetrwać niełatwe lata, pozwoliło mi sprytnie funkcjonować, to jednak odebrało mi też możliwość odczuwania. Dla ambitnej prymuski – która całe życie próbowała udowodnić, że zawsze da radę – największym wstydem było przyznanie się do porażki, a ból przegranej był tak wielki, że życie przestało mieć dla mnie znaczenie.

Dzisiaj, gdy już wiem, że nic się nie dzieje bez powodu, chcę odkrywać swoje kolejne talenty, przekraczać granice własnych możliwości i codziennie czuć, że żyję.

Żyć dla siebie i dla innych. Żyć wśród ludzi i dla ludzi.

A ZAWODOWO?

Zawodowo – współwłaścicielka firmy IMONA sp. z o.o., która powstała, aby wspierać kobiety i ich działania w biznesie.

Już dawno odkryłam, że sukces to ludzie. Jestem zwolenniczką prowadzenia biznesu opartego na długoterminowych relacjach, szacunku, zaufaniu i działaniu na rzecz lokalnych społeczności.

Ta firma zrodziła się z mojej wielkiej pasji, którą jest praca w dziale administracyjnym. Dzięki mojemu doświadczeniu stworzyłam autorski system ewidencjonowania dokumentacji SASED, którego wdrożenie gwarantuje przedsiębiorcom komfort prowadzenia działalności.

IMONA to porządek w każdym biznesie.

Zajmujemy się wszystkimi aspektami organizacji firmy – począwszy od porządkowania dokumentacji, poprzez organizację pracy biura i długoterminowe wsparcie klienta. Nasze rozwiązania mają na celu zwiększenie wydajności pracy działu administracyjnego i stuprocentową kontrolę nad zasobami firmy.

MOJE PLANY

Moim ogromnym marzeniem jest zawodowe wspieranie kobiet także w ich życiu prywatnym. Dotychczas robiłam to po koleżeńsku. Przyjaciółki, koleżanki i przyjaciółki koleżanek lubią pytać mnie o radę i zwierzają mi się, mówiąc, że czują, jakby rozmawiały z siostrą. W spotkaniach ze mną cenią sobie poczucie bezpieczeństwa i przestrzeni do bycia sobą.

Jestem tutaj po to, aby pomagać kobietom, które tak jak ja przeżyły trudne chwile i utraciły wiarę w życie i w miłość.

Jeżeli chcesz, pokażę ci, jak związki – nawet, a właściwie to przede wszystkim, te określane przez nas jako trudne – można w przecudny sposób wykorzystać do własnej transformacji, w celu:

- pokochania siebie,
- mówienia tego, co się czuje i czego się pragnie,
- odrzucenia ograniczających zabobonów,
- obalenia mitów,
- uzyskania poczucia wolności,
- celebrowania życia poprzez emocje, bo to one dają nam poczucie, że żyjemy.

Nauczę cię, jak zatańczyć ze sobą, głaskać się czule, tak jak matka głaszcze swoje dziecko, i mówić do siebie: „Kocham cię, kochana. Jestem z tobą i zawsze będę przy tobie". Pokażę ci, jak zaakceptować swoją nieperfekcyjność i wspierać siebie w odnalezieniu drogi. Jak codziennie rano spoglądać na siebie w lustrze z miłością i szacunkiem do wszystkiego, co zrobiłaś, i do tego, czego nie zrobiłaś, bo nie potrafiłaś inaczej.

Chciałabym, aby wszystkie moje klientki i czytelniczki doznały całkowitej transformacji i zakochały się w sobie, w życiu i w ludziach. Z ogromną przyjemnością pomogę im w powrocie do siebie i we wchodzeniu w ich moc.

I oczekuję tego z radością.